五彩校园文化艺术活动丛书

校园游戏类活动指导手册

李明华 ◎编著

吉林出版集团股份有限公司
全国百佳图书出版单位

前言 PREFACE

在党和政府的要求下，长期以来，学校文化艺术活动作为学校教育教学工作的一个重要组成部分，不仅是广大青少年建立兴趣爱好和成材的重要途径，而且是学校德育工作发挥巨大作用的主要因素。营造丰富多彩的校园文化，为广大青少年开拓广阔的成材之路，这是加强素质教育的要求，也是培养青少年未来实现中国梦想的要求。

学校开展形式多样的文化艺术活动，能够使广大青少年达到开阔视野、陶冶情操、增长才智、提高素质、沟通人际、适应社会以及改善知识结构和掌握实用技能等方面的效果。在这些文化艺术活动中，广大青少年通过接受不同形式、不同内容的有益教育，能够起到潜移默化的作用，这对造就和培养有理想、有道德、有纪律、有文化、适应中国复兴和实现中国梦的新一代人才有着十分重要的作用。

因此，越来越多的学校对于开展丰富的文化艺术活动和营造浓郁的校园文化环境给予了越来越多的投入和努力，学校里的音乐队、合唱团、舞蹈队、书画社、兴趣小组等，简直琳琅满目。因此，校园文化艺术活动的组织策划与指导就显得十分重要了。这就需要坚持先进文化的正确方向，以育人为根本目标，努力发展符合实际需要、并为广大师生喜闻乐见，且具有实效的校园物质文化和精神文化体系，真正营造五彩校园的文化氛围。

为此,根据党和政府有关政策和部门的要求以及国内外最新校园文化艺术的发展方向,特别编撰了《五彩校园文化艺术活动》丛书,不仅包括校园文化艺术活动的组织管理、策划方案等指导性内容,还包括阅读、科普、歌咏、器乐、绘画、书法、美化、舞蹈、文学、口才、曲艺、戏剧、表演、游艺、游戏、智力、收藏、棋艺、牌技、旅游、健身等具体活动项目,还包括节庆、会展、行为、环保、场馆等不同情景的活动开展形式等,具有很强的系统性、娱乐性、指导性和实用性。

本套丛书适当配图,图文并茂,设计精美,格调高雅,不仅是广大学校用于开展丰富文化艺术活动的最佳指导读物,也是大中小学学校领导、教师,在校大中小学学生、研究生、博士生以及有关人员学习的最佳实用读物,还是各级图书馆珍藏的最佳版本。

目录
CONTENTS

N01. 校园游戏活动指导

游戏的概念和种类............002

游戏的选择和管理............006

游戏的设计和器材............009

校园游戏活动指导............014

N02. 校园角色游戏指导

人物角色游戏指导............020

动物角色游戏指导............032

鸟类角色游戏指导............045

N03. 校园结构游戏指导

简单结构游戏指导............052

虚拟结构游戏指导............067

复杂结构游戏指导............072

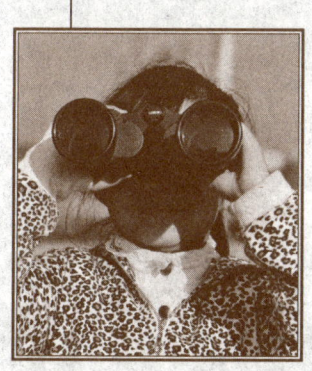

N04. 校园表演游戏指导

舞蹈表演游戏指导............082

即兴表演游戏指导............084

模仿表演游戏指导............094

N05. 校园体育游戏指导

球类运动游戏指导............102

田径运动游戏指导............127

水上和体操游戏指导........142

趣味运动游戏指导............144

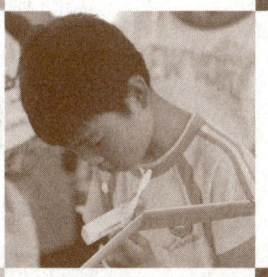

NO1. 校园游戏活动指导

游戏的概念和种类

游戏的概念

游戏是体育运动的一类,是以直接获得快感为主要目的,且必须有主体参与互动的活动,如追逐、接力及利用球、棒、绳等器材进行的活动。多为集体活动,并有情节和规则,具有竞赛性。

古希腊哲学家柏拉图给游戏的定义则是:"游戏是一切幼子(动物的和人的)生活和能力跳跃需要而产生的有意识的模拟活动。"柏拉图的定义说明游戏不仅是体育运动,而且还是一种智力活动。

古希腊另一位哲学家亚里斯多德却认为,"游戏是劳作后的休息和消遣,本身不带有任何目的性的一种行为活动。"意思是说,游戏纯粹是一种娱乐和消遣,不存在智力的角逐和其他功利目的。

事实上,游戏除了娱乐和消遣外,确实也含有智力的成分,在人类社会中,游戏不仅仅保留着动物本能活动的特质,更重要的是作为高等动物的人类,为了自身发展的需要创造出多种多样的游戏活动。它并非为娱乐而生,而是一个严肃的人类自发活动,其自身怀有生存技能培训和智力培养的目标。

德国作家席勒认为,"人类在生活中要受到精神与物质的双重束缚,在这些束缚中渐渐失去了理想和自由。于是人们利用剩余的精神创造一个自由的世界,它就是游戏。这种创造活动,产生于人类的本能。"

换句话说,游戏不是没有目的的活动,也并非与实际生活没有关联,它是为了将来面临生活的一种准备活动。

游戏的特点

游戏的定义说明了游戏的几个最基本的特性:一是以直接获得快感,包括生理和心理的愉悦为主要目的;二是主体参与互动。主体参与互动是指主体动作、语言、表情等变化与获得快感的刺激方式及刺激程度有直接联系。

另外,游戏具有兴趣性。兴趣属于动机的一个方面,动机是激发人去从事某种活动的力量。兴趣使人对活动采取积极主动的态度,并有愉快的情绪。

人们出于自己的兴趣和愿望参加游戏,在游戏中积极主动,可见兴趣性是包含在游戏之中,而不是外加的。学生参加游戏,就是为了玩和乐趣而去游戏,没有兴趣的游戏,对学生来说就不是真正的游戏,也不会吸引他们参加。

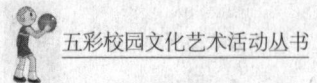

游戏的分类

校园游戏分为创造性游戏和有规则游戏,也称教学游戏两大类,其中创造性游戏包括角色游戏、结构游戏、表演游戏、体育游戏。

1.角色游戏

角色游戏是通过扮演角色,以模仿、想象等手段创造的反映现实生活的一种游戏。角色游戏是最适合学生身心发展的需要,是学生期最典型的、最有特色的游戏,也是孩子们最喜欢的游戏。

角色游戏有一个显著的特点,就是同学们丰富的生活经验是角色游戏的源泉。角色游戏是学生对现实生活的一种积极主动的再现活动,游戏的主题、结构、情节、使用的材料均与社会生活有关。学生以自己对社会生活的种种印象,来对游戏的情节进行设计和安排,并按照自己的愿望、兴趣和能力来进行游戏。

2.结构游戏

凡利用各种结构材料或玩具进行建构的活动都称之为结构游戏。结构游戏是通过学生利用各种不同结构材料动手造型的活动,构造物体或建筑物,实现对周围现实生活的反映。这种游戏对学生手的技能训练和发展思维能力有十分积极的作用。

结构游戏的结构技能根据材料的不同而不同。主要技能有:排列、组合、插接、黏合,等等。

3.表演游戏

表演游戏是指学生按照童话或故事中的情节扮演某一角色,再现文化作品的内容的一种游戏形式。

表演游戏的一个最显著的特点是,表演游戏是学生根据文艺作品的内容,运用动作、表情、语言扮演角色而进行的游戏。学生所扮演的角色是文艺作品中的角色,游戏的情节内容也是反映文艺作品的情节内容。因此,熟悉故事的情节是表演游戏能够顺利开展的必要前提。

4.体育游戏

体育游戏包括很多种类,多数受欢迎的体育运动会收录成为游戏,包括篮球、排球、网球、高尔夫球、手球、乒乓球、足球,以及武术和其他竞技活动等。

体育游戏的特点是不按正规的比赛规则进行,而是按照青少年的特点,重新设计游戏规则,这种规则集趣味性和智力技巧于一体,重在增强学生的应对能力和智力水平。

无论是什么游戏都应具有以下特征:一是学生自愿发起的活动,二是活动的主体都是学生,三是有别于日常生活的活动。教师应灵活组织学生开展游戏活动。

游戏的选择和管理

游戏的选择

游戏的内容形式多种多样，但学校应根据需要，明确地选择那些对学生身心有益的，并能促进学生学习的游戏来指导学生参加，具体可以从如下几个方面着手。

首先是选择有益于身体健康的游戏；其次是选择教学大纲上规定的需要达标的运动项目的游戏；三是选择能使游戏者大脑皮层的兴奋性达到高度集中，把其注意力集中到教学中来的游戏；四是选择使学生在情绪上得到调节或在体力上得到恢复的放松性游戏。

选择游戏不仅是为了更好地完成教学任务，还应该考虑到通过游戏培养对体育的兴趣，培养游戏者的意志品质，并对其进行思想政治教育。

另外，在选择游戏时，还要考虑游戏者的年龄、性别、身体素质及阶段水平，注意参加游戏的人数、场地器材设备和游戏时间的长短等情况。组织方法要尽可能简便，做到在较短的时间内取得较大的效果。

游戏的方法

游戏活动方法，可以是个人对个人，也可以是集体的对抗，只有当对抗水平比较接近时，才能激发起游戏双方的情绪和兴趣，提高竞争的积极性，这就需要加强游戏和比赛的组织工作，做好恰当的力量分配，以维护公平、均衡的对抗。

游戏的时间一般比较短，因此在选择引导人与分队方面也应力求简单。经常采用的分队方法有很多。

1.固定分队的方法

就是根据游戏者的健康和体质的情况大致均等的原则，事先进行分队，比较简便，实力也大致均等。

2.报数分队的方法

如果事先没有分好固定队，可进行报数分队，这种方法简单，但有时实力不等。

3.队长挑选的方法

人数较少进行竞赛性游戏时，可采用此方法。优点是两队实力均等，缺点是每个队长都不愿意挑活动能力较差的。因此使一些游戏者的积极性受到压抑，并且浪费时间。

在采用这种方法时，当队长挑选了几个人以后，可把其余的人平均分配，避免对"弱者"产生不良影响。总之，教师的选择与分队所采用的方法，应根据游戏的性质、学生的情况、人数的多少以及时间的长短等来决定。

游戏的管理

在进行中，教师应观察游戏者的行动，及时补充说明游戏的

方法和规则，使游戏能正确地进行；及时教育参加者自觉遵守规则、尊重裁判员，对于违犯纪律的行为，应根据不同情况进行教育。

教师要善于观察与调整游戏的活动量，如发现运动负荷不足或过大时，应增减活动的紧张程度、比赛的次数，扩大或缩小场地，或者进行轮流活动和短时间的休息。

休息时，可评定学生在执行规则方面的情况，提示游戏者要遵守规则，注意安全等。

如发生偶发事件应及时进行教育。只有客观地评定游戏结果和监督遵守规则的情况，才能保证游戏的教育作用，否则就会降低游戏者的情绪，甚至会发生互相争执。

裁判员通常是由教师担任，也可以由游戏者担任，以培养他们的独立工作能力。教师要全面观察整个游戏的过程，保证游戏的安全顺利进行。

游戏进行过程中情况是经常变化的，学生可以以多种多样的方法达到自己一方的目的。特别是当学生情绪激奋、力争主动和胜利的时候，竞争相对激烈，在体力和心理上要做出极大的努力，能量消耗也比较多，而且较难控制和调节练习中的负荷，教师必须善与把握游戏和比赛的时间进程，提醒学生注意自我控制，并适时结束练习。

游戏结束后，对游戏应进行总结，教师要公正地评定游戏的结果，对学生的成绩的缺点进行表扬或批评，以利于以后游戏的正常开展。

游戏的设计和器材

苏霍姆林斯基说过:"所有的智力活动都依赖于兴趣。"只有培养学生对游戏的兴趣,才能激发他们的活动激情,才能充分发挥学生的潜能,使其健康成长。各类游戏活动蕴藏着发展和教育的契机,学校应该完善游戏的设计和器材的筹集,让学生在轻松的环境中,把自身发展的多样性、差异性和自然性淋漓尽致地表现出来。

精心设计游戏

在学校,学生有着明显的年龄差异。教师要分析不同年龄段学生

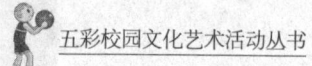

的心理、生理和动作特点：

小学低年级学生能掌握单一的动作，而技巧性动作难以接受。这一类学生喜欢玩同一类游戏尤其喜欢角色化的游戏内容，不喜欢玩角逐、竞赛、运动量大的活动，以独立运动为主。

小学高年级学生能掌握不同动作，对创造性的游戏难以把握。这一类学生喜欢集体游戏，对合作性运动有兴趣，而竞赛性的游戏只重过程，目的性不强。

中学生能掌握技巧动作，会动脑筋完成有一定难度的动作，如玩一些创造性强或几种运动器械组合，需同时完成几个动作的内容；喜欢玩创作性大、变化性大、竞赛性强且运动量较大的游戏。

在设计游戏时，教师要注意几个方面。

1.目的性

游戏器材的投放与使用应有目的、有计划地，要防止一成不变"老面孔"的内容出现。对新的活动形式采取循序渐进的方法，由易到难。

2.安全性

认真做好活动前的准备工作，如检查活动器械、活动场地，要合理布局场地，按不同内容划分好各个区域，以安全、不互相干扰为主。

3.兴趣性

活动中要避免单调、死板、机械的被动学习，避免练习的枯燥重复。要根据游戏的特点，增加情节、角色，使之更有趣味性。也可让学生按自己的意愿，自由结伴或单独活动。

小学生在玩新游戏时，可让中学生先作示范。以大带小的方式更能让小学生接受，同时也满足了中学生当哥哥姐姐的欲望。同在一个场地，小学生和中学生会很自然地在一起玩，只要是安全和合适的，教师都给予支持,这样能相对提高学生的主动性和积极性。

4.创造性

教师在示范和指导学生游戏时,要注意引导学生自主探索和思考,变被动学习为主动学习,要启发学生想出与众不同的玩法。教师可先请想出独特玩法的学生作示范,让其他学生想一想、试一试"还有多少种玩法"。教师可组织学生互相学习、推广等活动,使学生在教师和同伴的接受和肯定中形成积极的自我概念。得到鼓励的学生情绪很高,其他学生也会产生创造热情。

5.层次性

由于每个学生存在着个体差异,在创设活动内容时,要考虑学生不同的水平和能力,设计和安排难度不同的活动。教师要注意对不同心理状态和不同能力的学生施以不同的指导和帮助,要善于发现学生的优点和点滴的长进,以饱满的情感、积极的态度、鼓励的方法去指导学生。

6.适度性

所谓"适度性",就是教师在活动中要巡回观察指导,掌握好游戏活动的"度",及时调整各小组学生的人数,在鼓励学生分组轮换和创造活动的同时,提醒学生不玩运动量太大或动作难度较大的游戏,以不影响接着的教学活动为度。

活动中还要观察学生的身体情况,掌握适度的运动量和运动密度,发现问题及时解决。

7.发展性

学生是不断发展的个体,各种能力都在游戏中不断地发展。我们为学生设计的游戏也应坚持从易到难的原则,提高游戏效果。这样能激发学生的创造性,培养学生的坚持性,增强学生的自信心。

提供简易器材

学校开展游戏活动,要创造有利于学生活动的环境,提供游戏器材,给其安全感,让他们感到轻松愉快,这样才能激发学生参与游戏的愿望,促进他们的健康发展。教师应提供符合学生兴趣和不同发展水平及多功能、可变化的游戏器材,提高学生的兴趣。

在游戏中,为学生提供符合其兴趣需要的游戏材料是引导学生主动学习的重要因素,它可以激发学生参与各种游戏,促进学生的身心健康。

1.提供游戏器材

在游戏中,教师应根据学生发展具有差异性的特点,提供满足不同学生水平的器材,使每个学生都有成功的体验和健康的发展。

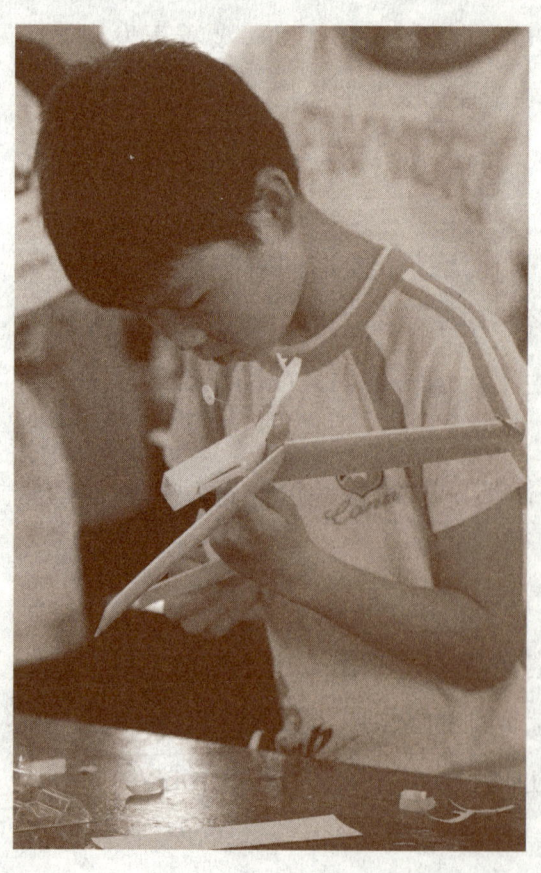

例如,在投掷游戏中,教师可设制大小不同的投掷箱,口小的、口大的,高的、矮的,正的、斜的等。在这些蕴涵着不同要求、不同内容的材料中,使每个学生在活动中激情昂然,得到满足,获得成功的体验。

让学生从多种角度锻炼投掷能力,还有助于学生视觉运动能力和运动准确性的发展,有利于培养学生运动的适应能力。

2、提供创新材料

在指导学生进行游戏时,

教师可以利用一些废旧的半成品器材，引导学生不断创造新的玩法，丰富活动的内容，提高参与游戏的兴趣。

在游戏中还可以激发学生探索的愿望，培养学生的创新意识。可以发动学生搜集多种游戏材料，如纸箱、纸杯、可乐瓶、报纸、轮胎等，让学生根据自己的兴趣和水平来选择这些富于变化的材料，并在教师的启发引导下创造抛接球、羽毛球、小推车、报纸球、树挂等多种游戏材料，使学生在快乐的体验中获得体质的提高。

3.发掘游戏器材

游戏既能满足学生发展的需要，同时又能促进学生身心健康发展，因此具有特殊的教育价值。

游戏能否发掘学生的兴趣与热情，游戏的器材起很大的作用。教师应根据学生的活动能力和爱好，力所能及地提供多种活动材料和安全的场地，让学生自由探索。

学生通过一些生动有趣的游戏活动，既能体验到不同运动形式，又能培养学生的勇敢精神。

总之，游戏不但对学生身体有促进作用，而且对学生的心理健康发展也具有极大的价值。游戏为培养学生的智能，养成自信、进取、机灵、勇敢的人格，成为未来高素质人才奠定良好的基础。

校园游戏活动指导

青少年时代是人生最美好的时期,这一时期,在他们身上蕴藏了无限的想象力和创造力。这种想象力和创造力能绽放出令人炫目的光彩。游戏,正是青少年尽情释放想象力和创造力的最有效的方式。

愉悦性和自主性是游戏最本质的特征,是游戏的原始品质。伴随着欢笑的面部表情,孩子们在游戏中得到的是满足、是欢笑;伴随着自信的肢体动作,孩子们在游戏中体现的是自主、是独立。

但是,作为游戏的支持者、合作者和引导者,教师要选择合适的时机和适宜的方式,对学生的游戏进行指导。

有效的游戏指导,能给孩子的想象力和创造力装上一对翅膀,让他们在游戏的天空中飞得更高,飞得更远。

有针对地进行指导

游戏的种类繁多,要想有效地指导学生游戏,针对各类游戏的特征,有目的性有重点地进行游戏指导是十分有必要的。

明确各类游戏的特征,就如同找到了撬动巨石的支点,能让力气使到关键处。有的放矢地进行指导,正如同找到了通往终点的捷径,能以最快的速度到达终点。

1. 角色游戏指导

教师在指导学生进行角色游戏时,最重要的就是要帮助学生积累和丰富生活经验。教师要善于利用上课、观察、参观、日常生活、劳动、娱乐等多种活动来丰富学生的知识经验，加深学生对周围生活、人与人的关系和印象。

同时，帮助家长安排好家庭生活，使学生在家庭中获得更广泛的知识经验，为开展角色游戏打下良好的基础。

在游戏中教师要充分挖掘孩子的生活经验，有效地引导孩子运用生活经验，促进游戏情节的发展。

2.结构游戏指导

相对于其他游戏，结构游戏对建构的技能技巧有较高的要求。如果没有一定的技能技巧，孩子们即使有再好的想法和想象力也都是徒劳的，他们不能把自己的想法表现出来。

因此，在指导结构游戏时，要注意提高学生的技能技巧，让学生能够自若的表现出自己的想法和创意。

3.表演游戏指导

指导表演游戏时，教师要通过多种途径使孩子熟悉故事的情节。如在指导孩子进行表演游戏时，教师可以用导演的身份指导"演员们"排练，帮助他们回忆故事的情节，练习各自的台词。这样在正式游戏时，孩子们就能较顺利地进行表演了。

4.体育游戏指导

指导体育游戏时，教师既要让学生知道一些相关的体育运动知识，又不能拘泥于正规的运动规则。教师应该独辟蹊径，让孩子们在了解体育运动的同时，获得游戏的愉悦和快感。

有区别地进行指导

有位哲学家说过："世界上找不到两片相同的叶子。"同样的，也没有两个孩子是完全相同的，孩子们之间必然存在着一定的差异性。这种差异性在游戏中也清晰地表现出来。

有的学生的游戏能力比较强，他们在游戏中能够与同伴自如地交往,能够较自觉地遵守游戏规则,能够较合理地操作游戏材料,能够较好地与游戏环境互动。

有的学生的游戏能力则比较差,他们在游戏过程或不能很好地控制自己,或不与他人做任何交往,甚至不能合理地利用游戏规则。

因此在游戏指导的过程中,要了解学生的个别差异性,有区别地进行指导,采取程度不同的干预游戏的措施。

对于能力比较强的孩子,采取的干预方式要尽量间接,留给孩子尽量多的自主探索和发现的空间。

对于能力较差的孩子,则要采取比较积极的干预措施。给他们以好的示范和充分的引导。对于不同能力的学生,只有采取不同的指导方式,才能取得较好的效果。

有目的地进行指导

游戏是一个动态的过程。学生在做游戏时,教师要注意观察、了

解游戏的进程，适时、合理地进行指导，支持游戏的发展。

当学生对某些新材料感到困惑而不会使用时，教师可以示范材料的使用方法。当原有材料的玩法在学生的认知范围内已经玩尽，在低水平重复或准备放弃时，教师可以展示材料的多种玩法，使学生意识到材料的多种转换。

当学生难以与别人沟通互动时，教师可以用语言或肢体，促进人际互动，使学生考虑他人的需要、想法、感受，学会商量；当学生一再重复自己原有的游戏行为，进一步延伸和扩展有困难时，教师可以用语言或行动，引导学生运用已有经验，启发新经验，建立新旧知识的沟通，启发学生解决问题。

孩子的游戏结束了，并不意味着教师的指导也结束了。教师在每次游戏结束后的指导是非常重要的。

建立一个完整的游戏评价体系，可以有效地整理和提升学生在游戏中的宝贵经验。教师在游戏后有目的地组织学生讨论游戏的问题，建立一个以学生为主，较完善的游戏评价体系，对于提高学生的游戏能力十分有帮助。

NO2. 校园角色游戏指导

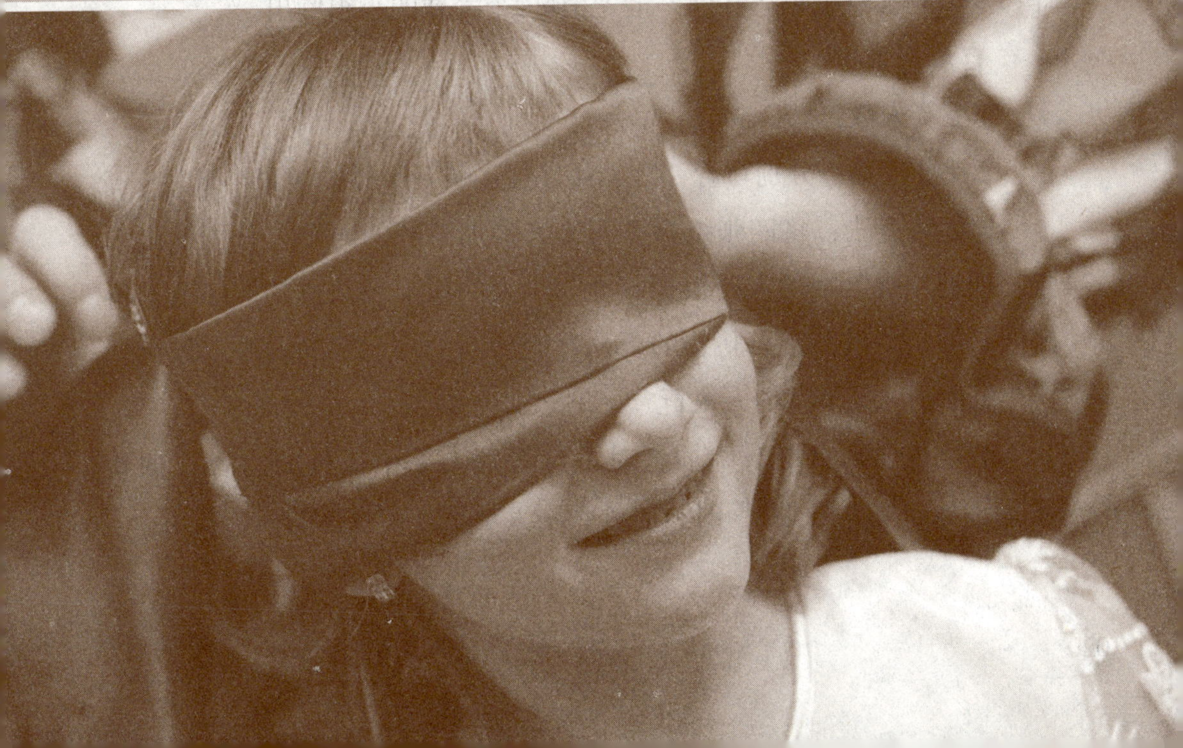

人物角色游戏指导

双龙戏珠

1.参赛人数：8人，分成四组。

2.比赛道具：气球，椅子。

3.竞赛方法：竞赛者两人一组，组员背靠背，夹住气球，从起点运到终点，终点放有一个椅子，到终点以后要把气球放到椅子上坐爆，再返回起点继续夹气球，可以在队友坐气球的同时，另一个人回起点准备气球。

4.竞赛规则：如果在跑动过程中气球落地或因其他原因提前爆炸，要回到起点重新运气球。最先坐爆2个气球的小组胜出。

官兵捉贼

1.参赛人数：4人。

2.比赛道具：分别写着"官、兵、捉、贼"字样的四张小纸。

3.竞赛方法：将四张纸折叠起来，参加游戏的四个人分别抽出一张，抽到"捉"字的人要根据其他三个人的面部表情或其他细节来猜出谁拿的是"贼"字，猜错的要罚，有猜到"官"字的人决定如何惩罚，由抽到"兵"字的人执行。

4.竞赛规则：游戏中抽纸时不许看别人手中道具的内容，抽到"捉"字的人在猜"贼"时，另外参赛人员不许有直接的言语提示。

西天取经

1. 参赛人数：每队8人，分成甲、乙两组。

2. 比赛道具：先由甲组当取经队，4人分别扮演不同的角色。

（1）唐僧用单脚打坐，合掌；

（2）孙悟空手搭凉棚抬起左膝；

（3）沙和尚向后抬起一条腿做挑担状；

（4）八戒左臂曲肘撑头，右腿屈膝搭在右大腿上，身体稍后倾做睡懒觉状。乙组都当妖怪。

3. 竞赛方法：竞赛开始，主持人"1、2、3——"有节奏地数数和击掌，乙组人又喊又叫："妖怪来了，妖怪来了。"并去挑逗甲组的人，但不能推碰拉触。

4. 竞赛规则：甲组的人坚持不动，一旦有人失去平衡双脚落地就算失误。接着两组互换角色，竞赛继续。哪组坚持不倒的时间长，哪组为胜。

打敌人

1. 参赛人数：20人，分为人数相等的敌我两组。

2. 比赛道具：画一大圆，沙包2个。

3. 竞赛方法：参赛者一组站于圆上，另一组在圆内任意跑动。圆上为进攻者，圆内为防守者。进攻者持2个沙包，听到信号后，同时向圆内防守者投去，防守者机智地躲闪，被沙包击中者退出大圆，连续进行，每次3～4分钟，听信号结束，由组织者清点剩余人数，然后两组交换进行，看哪组击中的人数多，多者为胜。

4、竞赛规则：沙包必须击中有效部位，有效部位为腰部以下。防守者不许接沙包。

进攻者不准进入圆内，防守者不准出圆。

提示：画圆圈的大小要根据人数的多少定，人多圆画得大些，人少圆画得小些。组织者注意防守者如有用手接的，接沙包被击中处理。

斗智斗勇

1. 参赛人数：10~12人，两人一组。

2. 比赛道具：平坦空地。

3. 竞赛方法：竞赛者两人一组，面对面站立，以两人手掌相触为间隔距离。竞赛开始，双方可利用推、拉、拨、闪的动作迫使或诱使对方失去重心使脚步移动，使对方脚步移动者为胜。

4. 竞赛规则：只许用手推、拨、拉、闪，不许用掌或拳打；任何一只脚移动就算失败；双方的脚同时移动算和，应重赛。

秘密指令

1. 参赛人数：6~12人，分成两队。

2. 比赛道具：（1）野外；（2）野营装备：地图、帐篷、锅灶、蔬菜、食物等。

3. 竞赛方法：主持人发给各队一只信封，拿到后各自来到比较僻静的地方，打开研究，里面是一堆硬纸块，每块上面写一个字，要求拼出一句完整的句子，拼出了即可按指令执行。

指令举例：请跑步到竞赛处，领取一套野营装备，然后根据地图和路标，通过几个规定的障碍，来到营地，架起帐篷，支起锅灶，再根据营地提供的食物，做出一顿可口的饭菜来。最后扫干净，钻进帐篷睡觉。

4.竞赛规则：必须严格按指令行动。

漫游太空

1.参赛人数：24～36人，分成两队或三队。

2.比赛道具：户外草地。

3.竞赛方法：每队12人，面向圆心围成一圈坐下，双脚合拢伸向圆心。先推选一人站在圈中间，闭上眼睛，全身放松，幻想自己正处于太空失重状态中，以双脚为支点向任何方向倒下，正当他倒下时，周围的人应把失重的他推向另一方向，使他不倒在地上，能在圈中自由摆动，感动舒服并产生漫游太空的感觉。每人轮流尝试一次，熟练后，圆圈可加大，增强乐趣。

4.竞赛规则：圈中人倒地，竞赛中止。

打野战

1.参赛人数：参加竞赛者约为50人，平均分成两队，选取一人担任裁判员。

2.比赛道具：每个队员发一张小纸条，按各队分工，分别写上自己的职务，即总司令1人，军长1人，师长2人，旅长2人，团长3人，营长3人，连长2人，排长3人，工兵2人，炸弹3人，地雷2人。每队各备一面大旗。

3.竞赛方法：两队各自布阵，选好大本营，把军旗插或挂在大本营适当的地方，记住以一人能拿到为宜。然后把本队人员进行合理分工，如有的保护军旗，有的进攻。双方各派一个代表通知裁判员，并一起到双方阵地视察地形、检查军旗。裁判员则站在适中而容易瞧见的地方。

裁判员宣布野战开始。双方队员立即进行攻守活动。双方队员相遇时，可以追拍或躲避，双方一有接触，就一起到裁判员处，各自把自己的职务条交给裁判员。裁判员根据陆战棋规则作出判断：或取消战斗资格，或判归队继续参加战斗。在战斗时双方可以采取多样化的战术，如：伪装追逐，两人合击对方，躲、逃、逗等，设法消灭对方的力量。直到一方把对方的军旗拿到，护送到裁判员处，经裁判员检查该人确是有战斗力时（检查职务条），立即宣布某队获胜。

裁判员站的地点，必须使两队队员都知道。如果人数多，可增加连、排长以下职务的人数。

4.竞赛规则：

（1）地雷不能主动拍人，但可以做追捕的假动作。

（2）被拍后双方一同到裁判员处，双方非当事人不能一起跟去。

（3）职务大小顺序为：总司令、军、师、旅、团、营、连、排、工兵、炸弹、地雷。地雷除遇工兵外，遇任何人均同归于尽。

（4）裁判员在执行工作中，必须为双方队员保密。

正方救三角

1.参赛人数：20人，分为两队。

2.比赛道具：准备一个小布袋，里面松松地塞一些木屑或黄沙。

在场地的一角，画一个大三角形，场中央画一个正方形，沿场界画几个小圆圈，数量不得超过总人数的四分之一。

先选两人站在三角形里，一人做带头人，一人做其助手。两人手臂上各佩一个不同颜色的臂章。其余的人站在场上或圆圈里，小沙袋放在正方形里。

3.竞赛方法：哨声响后，竞赛者从一个圆圈跑到另一圆圈。带头人则走出三角形去捉人，或拍人，被捉到者到三角形里做俘虏。营救俘虏的方法是：任何人拾起小沙袋，抛给俘虏。俘虏接到后，把它交给带头人，就可恢复自由。小沙袋仍放在正方形里。

带头人的助手可半途拦截抛给俘虏的小沙袋，可捉手里拿小沙袋的人。被捉的人把沙袋交给带头人后，就走到三角形里做俘虏。如果俘虏没有接住抛来的小沙袋，就由助手拾起交给带头人。带头人则把它放在身前的任何位置上。

竞赛者必须灵活地用手或脚把沙袋拨给别人，且避免被捉。一人拿到拨来的小沙袋，其余的人就必须立即把他围起来，至少3个人。围起来的人就和拿小沙袋的人一起走到正方形中去。这时，带头人是不能捉他们的。在正方形里，当拿小沙袋的人把小沙袋掷给俘虏时，自己应立即从四方形中四处逃散。

若三角形里的俘虏超过了全体人数的一半，那就算带头人和他的助手获胜，否则就算对方胜利。

4.竞赛规则：

（1）三角形里除俘虏外，不准站人。每个圆圈只许站一人。站在小圆圈的人是安全的。

（2）带头人可捉住任何人。助手只能提手里拿着沙袋的人。

（3）拿走带头人身前的小沙袋的人，如果没有同伴把他围起来，或者围的人没有手牵手，那么，带头人还是可以捉他的。

走出黑暗

1.参赛人数：12~18人。

2.比赛道具：口罩、眼罩等。

3竞赛方法：主持人请小队12人全部戴上口罩，坐下，接着讲走出黑暗的故事。讲罢，请出一人，来到偏静处，让他脱掉眼罩，交给他一张路线图，请他担任向导。路线图可以是厂区，也可以是公园或野外营地。全长为一公里，要经过许多障碍，甚至还得登楼，进地下室，寻找宝藏。

4.竞赛规则：要求除向导外，别人都不准说话，不得偷看，大家手拉手成一队，在向导的引领下，尽快完成任务。

熟悉姓名

1.参赛人数：8～12人。

2.比赛道具：任意一种小球。

3.竞赛方法：

各小队成一个松散的圆阵，做下列活动：

（1）用一只小球从排头开始，依次按逆时针方向传递，一边传一边大声地报出自己的姓名，直至传完一周。

（2）当你接到球后，必须喊出任意一个队员的姓名，然后把球扔给他。

（3）熟练后，用2个、3个球来做第二个练习。

（4）结束前，请一名队员来到圆心，依次报出各位队员的姓名。

4.竞赛规则：报不出两个以上姓名者为输。

中西礼仪

1.参赛人数：6～10人。

2.比赛道具：西式礼帽等。

3.竞赛方法：各队出一名选手来到台前成一列横队站好。主持人先讲解并示范中西方男女的礼仪：中男拱手为礼；女双手放于左腰上，行屈膝礼。西男摘帽，稍弯身；女两手拉裙屈膝。

机敏测验开始，主持人走到任何一人面前，说声："您好！"并向他行礼，若行的是中国男子之礼，对方便要行西方女子之礼来答礼。若行中国女子之礼，则答西方男子之礼，反之亦然。

4.竞赛规则：答礼人慌乱中做错，便退下场，最后剩下的，名次列前。

默契握手

1.参赛人数：8～12人。

2.比赛道具：蒙目罩。

3.竞赛方法：每次二人上场，戴好蒙目罩，二人面对面，相距约1米，相互伸胳膊摸到对方的手，然后收回。接着一二三原地转3圈，面对自认为同伴应该站立的位置，伸手握之。重新选择同伴，再做一次。体验一下第六感觉的存在。

4.竞赛规则：不得私自摘下蒙目罩，不得用语言示意对方。

乘公共汽车

1. 参赛人数：8～10人。

2. 比赛道具：椅子、瓜皮帽、纸棒。

3. 竞赛方法：各队派一名选手来到台前，各坐在一把椅子上。主持人有表情地朗读一则小故事，要求参赛选手头戴一顶瓜皮帽扮演"小明"，听见"站"字坐下，听到"坐"站起来，谁做错就得挨一下站在其后面队员的纸棒，最后做错的次数最少者，还要回答几个文明礼貌的小问题，答得好的为优胜。

4. 竞赛规则：

做错达三次者为输，轮到下一个做。

请尝山楂片

1. 参赛人数：人数不限。

2. 比赛道具：山楂片。

3. 竞赛方法：主持人请队员们放松站立，双手在背后钩搭住，各自把头仰抬起来，依次在他们的额头上放一片山楂，要求他们巧妙地改变头的位置，使山楂片移动，落进自己的嘴里，吃掉。

一旦成功马上可以说："我成功了！"主持人便可马上再给他在额头上放一片。在规定的时间内，吃到山楂片多的受到奖励。

4. 竞赛规则：若将山楂片落地，不得拾起，但可另外再给一片。

飞跃障碍

1. 参赛人数：10～15人。

2. 比赛道具：画一长约15米、宽约9米左右的场地，任选一端做投掷线。准备两根长约3米的竹竿，在两竿2.20米、2.40米、2.60米3个高度上分别系一根橡皮筋形成"障碍"，立于距投掷线约5米(竞赛者可放在3米)处的投掷区两侧。在竹竿前面每隔1米画一条直线，分别按序标出3、4、5、6、7…12米形成投掷区，铅球若干。

3.竞赛方法：竞赛者男、女分组后，各成一列横队面向投掷区立于投掷线后面，从排头开始依次轮换进行练习。练习者以所学动作、用相同质量的球在每个高度上试推三次，记录个人最好成绩及创造这一成绩所飞跃"障碍"的高度，以此确定最佳出手角度。

4.竞赛规则：可以助跑，但不能超过投掷线。

蹲跳之争

1.参赛人数：8～10人。

2.比赛道具：在场地上画两条相距5米的平行线，分别为起跳线与折回线。

3.竞赛方法：将竞赛者分成人数相等的两队，各成两路纵队站在起跳线后。每队由第一组开始，两人背对背下蹲，并以两肘相挎，准备做蹲跳。竞赛开始，组织者发令后，二人同时协调用力向折回线跳进，跳过折回线后，再迅速跳回。以先跳回的组为胜，胜者得1分。竞

赛按照上述方法依次进行，最后以积分多的队为胜。

4.竞赛规则：蹲跳时二人不得站起；必须二人都跳过折回线后，才能折回。

五毛和一块

1.参赛人数：10至15人，要有男有女。

2.比赛道具：宽敞的地方。

3.竞赛方法：在游戏中，男生就是一块钱，女生则是五毛钱。游戏开始前，大家全站在一起，裁判站边上。裁判宣布游戏开始，并喊出一个钱数（比如3块5、6块或8快5这样的），裁判一旦喊出钱数，游戏中的人就要在最短的时间内组成那个数的小团队，打比方说喊出的是3块5，那就需要三男一女或七女或一男五女之类的小团队。

请记住动作要快，因为资源是有限的，人员也很少有机会能平均分配，所以动作慢的同学可能会因为少几块或几毛钱而惨败，所以该

出手时就出手,看见五毛先下手为强;当然动作快的人员不要一味的拉人,有可能裁判叫的是3块5,但你们团队里已经变成5块了,这时候你就需要踢人了,该狠心时就狠心,一般被无情踹出去的都是可怜的一块。

筷子夹小球

1.参赛人数:10人以上

2.比赛道具:需要的道具是筷子、乒乓球若干。

3.竞赛方法:将大家分成5人的小组,各小组按间隔0.5米分别列于起跑线之后。请各小组的人按序排列,由前至后分别记为1,2,3,4,5号。发给各小组的1号一双筷子和一个乒乓球。

请他(她)用筷子夹起地上的乒乓球(或桌上也可),并迅速跑到中转线,将球放下。然后用另外一只手将球用筷子夹起,返回,将球、筷子交给2号。2号以同样方式完成此类任务。中途掉球的需在原地夹起球继续比赛。

选出优胜小组、个人,优胜小组需既快又好地完成任务。

4.竞赛规则:竞赛时在地面划两条直线,一条是起跑线,一条是中转线。两线之间相隔必须要有3米。

动物角色游戏指导

袋鼠跳跃

1.参赛人数：男、女个人项目，8人一组同时参赛。

2.比赛道具：

（1）赛道总长30米，各分赛道宽1.22米。

（2）长约1.2米、宽约60~70厘米的麻袋8条，各分赛道1条。

3.竞赛方法：

（1）开赛前，于各自赛道起点线后站立的参赛选手，将双腿（及腰部）套入麻袋，双脚蹬至麻袋底部，双手紧握袋口两侧并上提至齐腰部位。

（2）发令后，在保持身体平稳前行的状态下，充分利用双腿的屈伸蹬地动作连续跳跃（如袋鼠跳跃状），直到成功越过终点。

（3）终止计时以参赛选手躯干部任何部分触及终点线内沿垂直面时为准，用时少者名次列前。

4.竞赛规则：

（1）行进过程中，若出现双手滑脱（麻袋完全离开双手）或任何一脚离袋触地等现象，均视为违例，成绩无效。

（2）因跳跃重心不稳而致跌倒，在手未完全滑脱（此时尚有一手持袋），脚未离袋的情况下，可从跌倒处立起后继续前行。

（3）越过终点的瞬间，必须做到人袋合一，若出现任何违例现象，则成绩无效。

（4）必须始终在各自的赛道内行进，步入他道或影响他道选手的前行，均视为违例，成绩无效。

象鼻摘果

1.参赛人数：可以2队或4队同时进行，每队可由5名队员参加。

2.比赛道具：

（1）宽10米、长50米的平地。如参赛队较多，场地应加宽以一队占5米宽准。

（2）大象，1队1头。大象4条腿为4根木棍，每根木棍由1名队员操纵；大象的鼻子用一把长长的夹钳制成，夹钳口定在大象的框架上，由一名队员操纵。象鼻处有一洞口，操纵夹钳的队员可以从中向外望。

制作大象时，使用5厘米见方的木条钉制大象的框架，上面用白布蒙面，勾勒出象耳、象眼等。象鼻夹钳比较难制作，夹钳木杆长约1.5米，固定在象头处，用绳子固定，可以上下左右自由运动。从夹钳到象头，有一根操纵绳，放松则夹钳张开，收紧则夹钳闭合。夹钳宽40厘米，长度不限。

（3）泡沫塑料制作的苹果、梨子、桃子、石榴各2个，如4队则各

4个。使用泡沫塑料块,制作粘合成35厘米的块状,然后用小刀切削成4种水果形状,果蒂处使用铁丝安装一个马蹄形环,将铁丝深插入水果中即可。使用化学糨糊与水,跟石膏粉搅和,呈浓稠状刮抹在水果表面,待干后用细砂纸打磨,然后喷以各种水果的颜色即成。

3米立柱4根,如4队则8根。立柱立于起点和终点,之间用铁丝相连,使用较细的棉线将泡沫塑料的水果间隔挂在铁丝上。

3.竞赛方法:赛场上,参赛队同时出发。4名队员操纵象腿,1名队员操纵鼻子夹钳。5名队员中只有操纵夹钳的队员可以望到外边,这就需要统一指挥,动作协调一致。摘果必须是夹钳夹住后,才可摘果,不能使用夹钳去碰撞水果。

4.竞赛规则:

(1)以摘掉水果的数量和速度决胜负。

(2)在没有犯规的基础上,将水果全部摘完,可按时间决定名次第一名为10分;第二名为8分,依此类推。

(3)越出跑道界限一次,扣1分;摘果犯规,如碰掉水果,或撞掉果,扣2分。

熊猫吃竹

1.参赛人数:此项竞赛由4个队同时进行,每队2人,一男一女。男队员为"熊猫",女队员为"指挥"。

2.比赛道具:

(1)20平方米~25平方米的平地。

(2)4个没有眼的熊猫头罩。制作时,用酒精灯将长90厘米、宽1厘米的竹篾条3根烤弯成2/3的椭圆形。然后用竹篾条横扎固定,使其直径约30厘米左右,用牛皮纸裱糊内外。

把2根约20厘米的竹篾条烤成半圆状固定在椭圆形上端,为熊猫的耳朵,耳朵上面亦裱糊一层牛皮纸。头罩里面用旧报纸裱糊3~5层。

外面使用1厘米厚的泡沫塑料块粘贴一层,在外面再用旧报纸裱糊3~5层即可。待纸胎干透,使用黑白油漆修饰,便做成一个熊猫头罩。为了使"熊猫"队员听清鸣响器,可在头罩两侧各钻一个小孔。

(3)准备4枝翠竹。制作时,一根直径2厘米~3厘米、长约1米的竹竿,下端需安装一根尖状铁条,用以插立地上。将几根18号铁丝,长约40厘米,把1/6的部分交替绑在竹竿上,然后使用白色绷带条缠绕竹竿。铁丝上也要缠绕上绷带。4根竹竿刷以4种颜色的油漆:红、黄、蓝、白色,注意:只刷下半截。上半截与铁丝均刷以草绿油漆。最后一道工序是将绿色蜡光纸剪成竹叶状,粘贴在铁丝上。

(4)一座小方屋,四面有4个门,4个门框分别涂以红、黄、蓝、白4种颜色。方屋用三合板蒙面制成,木条作框架。尺寸可以自定,一般以2米见方为宜。

（5）口哨、短竹笛、响板、小鼓各一个，每队各执一种。

3.竞赛方法：

（1）小方屋摆在方地中间。竞赛开始前，各队"熊猫"队员在裁判的指挥下，戴上熊猫头罩，排成一排。把口哨、短竹笛、响板、小鼓放置于4人前5米处，然后令4人同时去取鸣响器，取到什么便使用什么。

然后，"熊猫"队员与"指挥"队员各自回到裁判指定的位置，可以花3分钟讨论鸣响器的使用方法。时间一到，由裁判指挥，各队"熊猫"队员站在方屋四周。各队"指挥"队员站在正对自己门框的边界处。

（2）"熊猫"队员戴上头罩，由裁判推着，围着方屋转几圈，然后推至方地的四周。裁判则任意将4枝翠竹放到方地的四角。

（3）竞赛开始后，各队"指挥"队员用鸣响器，按照赛前讨论的方法，指挥"熊猫"队员穿过标志本队颜色的方屋门，直至取到本队的翠竹为止。

4.竞赛规则：

（1）竞赛时间为5分钟。5分钟内"吃"到翠竹的，可得分。

（2）5分钟内，如果只有一个队取到翠竹，可得10分；如果有两个或两个以上取到翠竹，那么，应按先后顺序得分：10分；9分；8分；7分。

（3）"熊猫"队员出界，扣2分。

（4）"熊猫"队员取到他队的翠竹，扣5分，翠竹应归还原处。

打蛇尾

1.参赛人数：9～18人，将竞赛者分成人数相等的3个队。

2.比赛道具：排球1个；在场地上画1个直径为10米的圆圈。

3.竞赛方法：一、二两队的竞赛者均匀地站在圆圈外，由1名竞赛者持球准备掷击"蛇尾"。第三队成纵队，后面的人扶前面人的腰站在圆圈内。竞赛开始，组织者发令后，圈外的人相互传递球，捕捉时机，掷击"蛇尾"。

"蛇头"可以用手挡打来的球，"蛇尾"则迅速奔跑躲闪，以避开打来的球。如果"蛇尾"被球击中，则担任"蛇头"，圈外的人，再打新的"蛇尾"。竞赛如此依次进行，直到全队均担任过"蛇尾"并被击中为止；然后，与第一或第二队互换角色，竞赛继续进行。

4.竞赛规则：掷击者必须站在圈外；不得踏、越线，只准掷击"蛇尾"的腰部以下部位；"蛇头"、"蛇尾"必须保持纵队队形；"蛇尾"不能蜷缩在队伍内，队伍也不能断开。

蛇战

1.参赛人数：12人，分成两队。

2.比赛道具：平整空场地一块。

3.竞赛方法：每组站成一排，后面的人抱住前面人的腰组成一个整体。竞赛开始的命令下达后，各组之间相互混战，如有一组蛇头抓到另一组蛇尾时，被抓到的一组立刻淘汰出局。最后，没有被抓到尾巴的一组，即是优胜者。

4.竞赛规则：被抓尾巴时，则淘汰出局，蛇腰脱节时，蛇头抓到另一组蛇尾无效。

海豚戏珠

1.参赛人数：男、女各5人。

2.比赛道具：呼啦圈、大网兜、排球、筐。

3.竞赛方法：参赛队员成一路纵队站在起跑线后，比赛开始，第一人手拿排球向前跑出，钻过两个呼啦圈到达终点将球投进筐内，然后再拿一球跑回起点交给第二人，依次进行，以先完成的队为胜。

4.竞赛规则：胜者以筐内球数为准。

大猩猩赛跑

1.参赛人数：男、女各5人。

2.比赛道具：软式排球。

3.竞赛方法：参赛队员成一路纵队，第一人用腹部夹紧软式排球做好准备，比赛开始，由第一人开始向前跑出，绕过标志物跑回，将软式排球交给第二人，依次进行，以先完成的队为胜。

4.竞赛规则：中途掉球者应重新夹紧球再比赛。

小鸭走路

1.参赛人数：20~40人，每队5~7人，分为若干队。

2.比赛道具：把竞赛者分成人数相等的若干队，每队5~7人。

3.竞赛方法：选半个排球场，把端线和中线分别作为起点线和终点线。各队在开始竞赛的时候排成一路纵队，由第一人坐在第二人的脚背上，第二人坐在第三人的脚背上……后边的人两臂前伸并搭在前面人的肩上。

4.竞赛规则：当发令后，各队协力向前移动。不能散开脱节，脱节为失败。以每队最后一名队员的臀部最早过终点线的为胜。

大树与松鼠

1.参赛人数：10人以上。

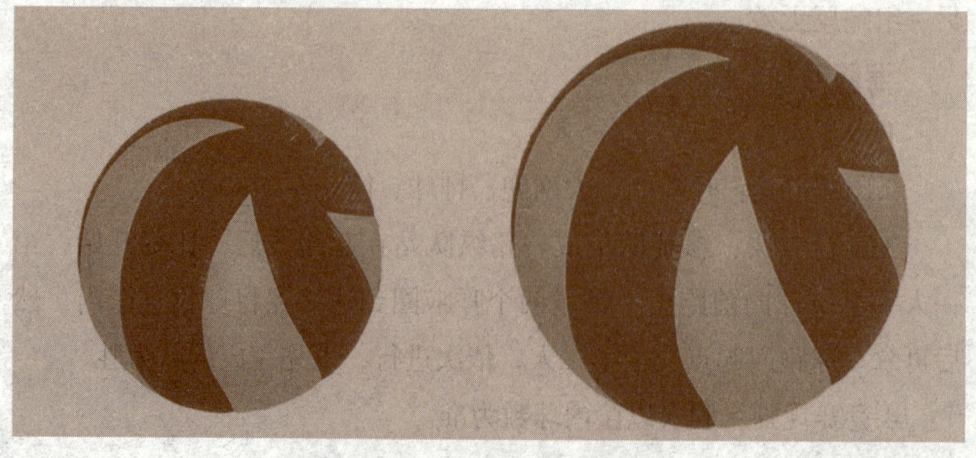

2.比赛道具：一块平整的场地。

3.竞赛方法：事先分好几个组，三人一组，其中两人扮"大树"，面向对方伸出双手搭成一个圆圈形成"树洞"；一人扮松鼠，并站在"树洞"中间；主持人或其他没成对的队员担任自由角色。

（1）当主持人喊"松鼠"时，"大树"不动，扮演"松鼠"的人就必须离开原来的大树，重新选择其他的大树；主持人或临时人员成为"自由松鼠"也趁机寻找"树洞"，最后没有"树洞"的"松鼠"应表演节目。

（2）当主持人喊"大树"时，"松鼠"不动，扮演"大树"的人就必须离开原先的同伴重新组合成一对"大树"，并困住某个"松鼠"，主持人或临时人员临时扮演"自由大树"，最后没有形成"大树"的人应表演节目。

（3）当主持人喊"地震"时，扮演"大树"和"松鼠"的人全部打散并重新组合，扮演"大树"的人也可扮演"松鼠"，"松鼠"也可扮演"大树"，主持人和其他临时人员也加入竞赛中，最后落单的人表演节目。

4.竞赛规则：时间限定在10分钟之内。

袋鼠跳

1.参赛人数：24~96人。

2.比赛道具：跳袋2~10副。每副跳袋是由十几个连在一起的麻袋组成。

3.竞赛方法：把队员分成若干组，每组队员分别站到跳袋里，双手提住跳袋的两边，站到起跑线上，听到主持人发出"开始"的口令后，所有队员提着跳袋一起有节奏地向前跳。

4.竞赛规则：脱离跳袋到达目的地者，不计算成绩。

多足虫竞走

1. 参赛人数：男、女各8人。

2. 比赛道具：平坦场地。

3. 竞赛方法：参赛队员成一路纵队蹲下，后面队员将双手放在前面队员的肩上。比赛开始，全队协同一致交替迈步向前，以排尾通过终点线为比赛结束。

4. 竞赛规则：用时最少的队为胜。

青蛙跳接力

1. 参赛人数：男、女各8人。

2. 比赛道具：标志物。

3. 竞赛方法：两人一组侧对前进方向，背对背全蹲，两人手臂相挽准备。发令后，两人协同向前跳出，以迎面接力的方式进行，用时最少的队为胜。

4.竞赛规则：跳进中手臂不得分开。

螃蟹赛跑

1.参赛人数：10人以上。

2.比赛道具：场地上相距10米~15米画两条平行线，作为起点线和终点线。皮球若干个。

3.竞赛方法：两人一组球，共6~8组分别站在起点线后。听到"预备"口令后，每组两人背对背用躯干夹抵住一球，同时侧向下蹲于起点线后。听到"开始"的口令后，如螃蟹状横着向终点跑去，最先到达终点线的一组为胜。

4.竞赛规则：（1）必须半蹲横着跑，身体不得直立。

（2）跑动中球落地，须从落地处捡起来抵好后才能继续前进。

山羊过桥

1.参赛人数：10人以上。

2.比赛道具：一块场地，4把体操凳。

3.竞赛方法：

（1）故事导入"两只山羊"。从前，有两只山羊要过一座独木桥，在桥中间相遇时，它们又互不相让，结果双双掉入桥下身亡。今天的"山羊们"觉得这个故事简直是对他们指挥的侮辱，他们打算练就"桥上互换位置，安全过桥的本领"，来改变这个故事的结局。于是，他们将体操凳摆放好成纵"桥"。

（2）以小组为单位进行第一次比赛。竞赛方法：各小组将队伍平均分成甲乙两组，分别站在"独木桥"两头，甲和乙组同时往"桥"上走，然后在"桥"上进行位置互换后继续走完"桥"。

4.竞赛规则：比赛中掉到"桥"下一人即为输。

青蛙划水

1.参赛人数：10人以上。

2.比赛道具：草地。

3.竞赛方法：利用草地作为活动场地。竞赛者两人一组，甲席地而坐，双腿向前伸直，双臂后撑，乙俯卧于甲的双腿上并两脚反勾于甲的后腰上，两臂前伸，组成一个"小青蛙"。

发令后从起点出发，甲双手反推并收腹屈膝，使自己的身体载着乙前移一步，与此同时，乙抬头挺胸并两臂侧开做一次划水动作。接着甲双臂回收，双腿再前伸直，乙低头含胸两臂前伸，如此连续运动向前进，配合协调、姿势优美，并先到达终点的组为优胜。

4.竞赛规则：比赛中的动作不到位者判输。

喂老虎

1.参赛人数：10人。

2.比赛道具：三个塑料盆，3个小垒球，若干竹筷。

3.竞赛方法：事先准备三个塑料盆，在每个盆上贴上虎头。将贴有虎头的三个塑料盆横排摆开，盆口用竹筷支起作为虎口。三位竞赛者站在5米外的白线上，将3个小垒球分别向3个虎口投去。垒球打倒竹筷，被扣在盆里为喂虎成功。

4.竞赛规则：谁喂中最多为胜，喂中最少者表演节目。

赶猪进圈

1.参赛人数：男、女各5人。

2.比赛道具：排球、体操棒。

3.竞赛方法：参赛者手持体操棒站在起跑线后，比赛开始，运动员持棒推赶两个排球，以先到达终点队员为胜。

4.竞赛规则：必须在自己的跑道内赶着球走。

打野鸭子

1.参赛人数：10人以上。

2.比赛道具：排球场一块，软式排球2~3个。

3.竞赛方法：将竞赛者分为人数平均的甲、乙队，以猜拳方法决定谁先做"野鸭"或"猎人"。以半块排球场为"湖泊"范围，"野鸭"在"湖"里，猎人手中保持2~3个排球作为子弹。组织者鸣笛开始，猎人用球打"湖"内的"野鸭"，"湖"中的"野鸭"凡被击中者退出球场。

在规定的时间，两队交换。击中"野鸭"多者为胜。此竞赛中的"湖泊"可改为圆形，场地上画上圆圈为"湖"界，根据参加者人数多少确定圆圈的范围。可规定单位时间内打中"野鸭"数字的多少。

4.竞赛规则："野鸭"活动范围不得离开99米（或圆圈）半个球场的"湖泊区"。猎人不得进入"湖泊"之内射击。球出场外，猎人必须迅速捡回，时间计在比赛有效时间内。

背人接力赛

1.参赛人数：8~16人。

2.比赛道具：在场地上画两条相距15米的平行线，一条为起点线，另一条为折返线。

3.竞赛方法：组织者可将竞赛者分成人数相等并为偶数的两队，各成一路纵队，彼此间隔3米站在起点线后。竞赛开始，各队排头将第二人背起准备起跑。当组织者发令后，排头背人迅速跑至折返线处，放下第二人，然后第二人将排头抱起后迅速跑回本队。被抱的人以手拍第二组被背人的手后站到队尾。第二组按同样方法进行，直至全队每组往返做两次，以先做完的队为胜。

4.竞赛规则：背人、抱人必须在起点线和折返线后完成方能起跑；跑的途中，如被背人落地，必须原地背好后方能继续前进。

斗鸡

1.参赛人数：8~10人，两人为一组。

2.比赛道具：空场地一块。

3.竞赛方法：两个竞赛者一组，都用右手在背后握住后屈的右脚脚背，只用单腿支撑。左臂屈肘贴住身体，用合理冲撞的方法，在规定的时间内把对方撞出圈外，或者使对方握脚的手脱开并且使屈腿触及地面者为胜。

4.竞赛规则：各组之间不要乱撞，允许做假动作，躲闪动作等。握脚的手脱手而脚没有触及地面，允许重新握住，不算失败。主要用肩部、躯干、腿部进行。

背背抗衡

1.参赛人数：8~10人。

2.比赛道具：在场地上画两条相距3米的平行线。

3.竞赛方法：竞赛者每两人为一组，背对背站在平行线中间，两人各面对一条平行线。两人均做马步姿势，两手放在大腿上，两人的背紧紧贴在一起。发令后，两人同时用背或臀部向后推对方，将对手推过其身前的平行线为胜。

4.竞赛规则：只许用背、臀部推，手不得接触对方；角力中，不得故意躲闪，以免发生伤害事故。

鸟类角色游戏指导

攻打"小鸟"

1.参赛人数：20人，分成两队。

2.比赛道具：另备排球3~4个，作为猎人的"子弹"。

3.竞赛方法：选用篮球场或排球场作赛场，将竞赛者分成人数相等的两队，一队先做"小鸟"进入场内，另一队做"猎人"站在边线

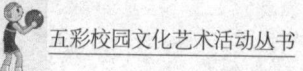

上。规定好比赛时间。

发令后,"猎人"用球打场内的"小鸟"。凡被击中的"小鸟"均退出球场。在规定的时间内,两队交替,以击中"小鸟"多者为胜。

4.竞赛规则:

(1)"小鸟"活动区域不得超出场外。

(2)"猎人"也不得进入场内投击。

(3)在投击时,只能投击"小鸟"的下肢,否则视为犯规。

(4)球出场外,由"猎人"自己捡回,时间均计在规定时间内。

"小鸟"受罚

1.参赛人数:人数不限。

2.比赛道具:根据竞赛者的多少,在场地上画一长方形区域,离边线约5米左右画一个0.5米的小圆。竞赛者分散在已准备好的长方形场地内,选出2人做击手。

3.竞赛方法:用一个球互相传接投击场内的"小鸟",如被击中一个"小鸟",这"小鸟"就得在0.5米的小圆内站立受罚。

当投击者击中另一"小鸟"时,此"鸟"与受罚区内的"小鸟"更换。更换出来的"小鸟"便可解除受罚归队。在规定时间内,受罚次数少的为胜。

4.竞赛规则:

(1)投击者只能用传接球方式投击"小鸟",不能抱着球硬追"小鸟"投击。

(2)在投击时以投膝以下部位为准,违者击中无效。

老鹰抓小鸡

1.参赛人数:10人以上。

2.比赛道具:小石子、小沙包等。

3.竞赛方法：竞赛开始，各组第一人设法抢到"母鸡"身下的"小鸡"，抓到一只"小鸡"得1分。在竞赛过程中，"母鸡"可用伸直的腿去扫"老鹰"，被"母鸡"的腿部触及的竞赛者应立即退出竞赛场地，在规定的时间内结束竞赛。

各组第一人做完后让第二人来做，如此继续，直至各组每人做完。竞赛结束，以得分较多的组取胜。

4.竞赛规则：

（1）"老鹰"被"母鸡"触及退出竞赛后，以前的得分仍有效。

（2）"母鸡"应蹲在地上，两手撑住地面，不得站立。

（3）"母鸡"不得将"小鸡"压在手下。

（4）"老鹰"抓到"小鸡"时，如身体被"母鸡"腿部触及时应将"小鸡"归还给"母鸡"，并退出竞赛。

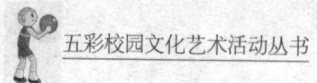

惊弓之鸟

1. 参赛人数：10~12人。

2. 比赛道具：平坦场地。

3. 竞赛方法：在空场地上画一个大圆圈。竞赛者手拉手面向圈内站立，放开手，开始1~2报数，每人记住自己的数。竞赛开始时，全体竞赛者沿逆时针方向做并步移动，当组织者吹一声哨时，单数的人迅速跑进圈内，双数者要在单数者进圈前将其抓住。

组织者若吹两声哨时，双数的人迅速跑进圈内，单数者在双数者进圈前设法将其抓住。被抓住者要蹲在圆心被停止一次竞赛；如判断错误而误跑、误抓时，也要被停止竞赛一次，然后其他人重新报数继续竞赛。

4. 竞赛规则：抓人时，只准以手拍触，不得拉拽衣服；两脚完全进入圈内为进图成功。

信鸽放飞

1. 参赛人数：20~40人。

2. 比赛道具：在空场地上画两条相距10米的平行线，分别为起点和折返线，在折返线上并排插数面标志旗，准备白纸若干张，上面画好信鸽。

3. 竞赛方法：将竞赛者分成人数相等的几队，面对本队标志旗，站在起点线后。竞赛开始，发令后，各队排头把纸信鸽贴到胸腹部，不用任何固定，松手快跑，绕过标志旗再返回，先到起点且纸鸽未掉下者得1分，接着换人重新发令，依次进行，最后以得分多的队为胜。

4. 竞赛规则：如途中纸鸽掉落必须后退三步放好才能继续前跑。

企鹅竞走

1. 参赛人数：40人，10人为一组。

2. 比赛道具：空场地一块。

3.竞赛方法：10人一组，4组成纵队站在长10米的接力区起点线后。竞赛开始，各组第一人提脚跟下蹲，上体直立两臂屈肘靠于体侧，手指向外成企鹅状，然后矮步走向终点，按到达先后为本组得4、3、2、1分，各组第二人再以此动作竞走比赛。

4.竞赛规则：只可下蹲用脚尖走矮步，否则便是违例。

NO3. 校园结构游戏指导

简单结构游戏指导

中华大地

1. 参赛人数：男、女各5人。
2. 比赛道具：中国地图版块。
3. 竞赛方法：队员在起跑线站好，比赛开始，各队迅速跑到地图前，通过互相协作将打乱的地图板块安放到中国地图上，组装完毕，

快速跑回，以最后一人跑过起跑线为比赛结束，用时最少的队为胜。

4.竞赛规则：一定要拼装正确，否则无效。

众志成城

1.参赛人数：20~40人。

2.比赛道具：数张泡沫拼图或报纸。

3.竞赛方法：

（1）先将全体队员分成几组，每组约10人。

（2）主持人分别在不同的角落（依组数而定）的地上铺一块一平方米的泡沫拼图，请各组成员均站到泡沫拼图上，无论以什么方式站立都可以，但任何人的脚不可以踏在泡沫拼图之外。

（3）各组完成后，主持人请各组拿掉一块泡沫拼图后，再请各组成员踏在拼图上。若有成员被挤出拼图外，则该组被淘汰，不再参加下一回合比赛。如此逐步减少泡沫拼图，再请各组成员踏在拼图上，进行至淘汰到最后一组时结束。最后一组为胜利者。

4.竞赛规则：不可推撞他人。

时代列车

1.参赛人数：属于混合集体项目，每队由4名队员组成，都是2男、2女，可多组同时参赛。

2.比赛道具：

（1）赛道总长为30米，各分赛道宽1.22米。

（2）准备长方形小旗一面，绸缎面料，其长边为45厘米，其短边为28厘米。

3.竞赛方法：

（1）开赛前，各队参赛者分别于本赛道起点线后成一路纵队依次排好，各队扮饰"车头"者单手持旗上举并于队列首位排定，其他3人双臂直臂前举并将双手依次搭放于前位同伴的双肩之上。

（2）发令后，各队在"车头"的带引下，步调一致、同步结队前行或跑，直至全队成功越过终点。

（3）终止计时以整队抵达终点的最后一人躯干部任何部分到达终点内沿垂直面时为准，用时最少者名次列前。

4.竞赛规则：

（1）行进过程中，除"车头"外，其他人的双手必须搭放在前位同伴的双肩之上，若出现脱手断档、摔绊倒地等现象，即为比赛失败，成绩无效。

（2）必须始终成一路纵队结队前行，错位搭肩成之字形队列或以其他队列替代均不予记取成绩。

（3）必须始终在各自的赛道内前行，步入他道或影响他道选手的行进，均视为犯规，成绩无效。

拉圈传棒

1.参赛人数：10~20人，分成两队。

2.比赛道具：接力棒。

3.竞赛方法：背对圆心，手拉手成一圆圈。主持人发给排头一根接力棒，夹在下巴颏和脖颈之间，发令后，依次按逆时针方向传递，不得松手。

4.竞赛规则：不慎掉棒必须趴倒在地，重新用规定的部位夹起，继续朝下传递，先完成三圈的队名次列前。

挤占轮胎

1.参赛人数：10~20人，分成两队。

2.比赛道具：充气轮胎。

3.竞赛方法：各队发一个充满气的轮胎，开始前可讨论3分钟并尝试，正式开始时主持人发令，各小队迅速挤踩在轮胎上面，要求身体的任何部位都不得着地，看哪个队最快做到，并能坚持2分钟为胜。人数不易太少，轮胎上挤满人为宜。

4.竞赛规则：有1人未上即为输。

陆地翼伞

1.参赛人数：6~12人，分成两队。

2.比赛道具：发给小队3根中粗竹竿，其中两根长4米，另一根长2米，3根1米长的绳子和8根6米长的绳子，要求用3绳3竿扎成一个A形的三角架，再将8根长绳的一头系在A头上。

3.竞赛方法：将架子竖起，站上一人，姿势是双脚踏短横竿，双手扶长竿，由其他队员拉住长绳另一头，移动架子前移通过1个10米长2米宽的通道。

4.竞赛规则：途中不得倒架，其他队员不得碰架，不得进入通道。要求每人都体验过被移动的角色。

默契

1.参赛人数：10~20人。

2.比赛道具：围巾、绳子。

3.竞赛方法：

（1）让所有成员遮住眼睛将绳子摆成规定的形状，如三角形、正方形等。

（2）多次重复规则：眼睛不能睁开，每个人双手始终不能离开绳子（结束后指出许多人并没有遵守规定——执行任务中的扭曲命令）。

4.竞赛规则：比赛过程中眼睛不能睁开。

占领阵地

1.参赛人数：8个人，分成四组，两人一组。

2.比赛道具：报纸。

3.竞赛方法：游戏开始后各组成员分别站在一张报纸上，各人身体的任何部位，不得碰地，成功后再撕去一半报纸站，接着再撕去一半……直至失败，最后以最佳办法能站进最小报纸的小组为胜。

4、竞赛规则：身体有一处部位碰到地上，就为输。

串珍珠

1.参赛人数：8~10人。

2.比赛道具：珍珠、可用算盘珠代替，细铁丝30厘米，筷子。

3.竞赛方法：比赛采用接力形式进行，每队第一人听到发令后，跑向终点处用筷子夹起珍珠串到细铁丝上跑回，第二个继续，最先串完珍珠的队为胜。

4.竞赛规则：中途不准掉珠，否则视为犯规。

全体离地

1.参赛人数：12~30人。

2.比赛道具：9条粗竹子，9条小白绳。

3.竞赛方法：

（1）主持人发给每组9条竹子和9条小白绳。

（2）该小组必须在20分钟内建起一个架构，该架构可以使全体的组员同时离地3分钟。

4.竞赛规则：超时判输。

解方程式

1.参赛人数：12～16人。

2.比赛道具：每组一条约20米长的编织绳。

3.竞赛方法：

（1）依照每组人数，在绳索上取等距打上单结；每个绳结旁均由一人单手握住。

（2）设法用握住绳索的手，将整条绳索的结打开。

4.竞赛规则：

（1）整个过程中手不可离开绳索。

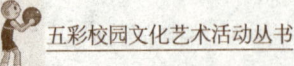

（2）不可借助任何器具及另一只手的协助。

千斤顶

1.参赛人数：10～50人。

2.比赛道具：平坦且空旷的场地。

3.竞赛方法：

（1）刚开始2人一组操作，可找体型相仿的伙伴搭配，两人面对面坐在地上，脚底相抵、膝盖弯曲、双手紧握。

（2）双方用力互拉，使两人同时垂直站起。

（3）当两人小组成功后，再增加一位伙伴，以同样方式站起，然后依序增加入，直到整个团体都试过。

4.竞赛规则：执行时脚一定要有接触，手要互握，所有的人臀部要同时离开地面。

木人梯

1.参赛人数：12～50人。

2.比赛道具：一个60厘米长的体操棒若干支。

3.竞赛方法：

（1）所有成员两人一组，手握一个60厘米长的体操棒，面对面搭成一排木梯，可直立或横或倾斜，高度不宜过腰。

（2）所有成员须依序攀爬通过木梯。

（3）要注意踩稳后再前进。

4.竞赛规则：

（1）不能碰触或协助攀爬者。

（2）掉下或犯规须回原点重来。

默契报数

1.参赛人数：10～60人，分为若干组。

2.比赛道具：平坦场地。

3.竞赛方法：

（1）让所有成员围成一个大圆圈。

（2）所有人同时面向圆心，分别往圈内走五步，碰到人则让开继续走。可斟酌前进1~2步。

（3）走完五步则立定，然后开始报数，从1报到30。以上为混乱顺序之方式，亦可以请所有成员以"逛大街"的方式，随处游走，务使每个人的方向一致。

（4）不限制报数的前后顺序，一切由彼此的默契来决定。

（5）若有成员报相同数目则要重来。

（6）直到所有数目从1~30依序被报过且没有重复时，则任务达成。

4.竞赛规则：

（1）谁都可以开始。

（2）同一人不可连续重复报数。

（3）成员间不可以沟通、提醒、暗示或使眼色。

（4）若有两人或多人同时报数，则要重来。

（5）以不超过30分钟为原则。

平结绳圈

1.参赛人数：10人以上。

2.比赛道具：准备长短不一的绳子若干（依人数而定）。

3.竞赛方法：

（1）主持人将平结的打法教给队员，注意平结是一种绳子的活结打法，节点可以任意伸缩。

（2）队员将平结打好后成一绳圈，放在地上，然后队员将脚放在绳圈之内。

（3）主持人提醒队员："你们的脚在绳圈之内了吗？确认安全了

（4）队员确认之后，主持人说："开始换位"，队员全部离开自己的绳圈并到其他的绳圈之内；三次之后，开始逐渐减少绳圈的数量，每次减少一个，主持人就要提醒队员："你们的脚在绳圈之内了吗？你们确认安全了吗？"但要求就是所有队员不得在绳圈之外。注意，有时可能是几个人同时挤在同一个绳圈里。

（5）到最后只剩下一个绳圈的时候，所有人都站在一个绳圈里，不断缩小圆圈，直到所有人都紧紧挤在一起；竞赛第一阶段结束。

（6）竞赛第二阶段：当主持人不断地将绳圈缩小至极限范围，并不断询问所有人有没有信心挑战极限。队员不断地进行挑战，当到达极限的时候，往往会出现一些意想不到的结果；比如，有人会提示出我们有没有办法寻找新的思路来挑战极限。记住，主持人要注意把握队员的场上气氛，及时加以引导。如果队员没有办法解决问题的时候，主持人应视情况将解决方法公布。所有队员可以坐在地上，将脚放在绳圈内。

4.竞赛规则：脚必须在绳圈之内。

齐眉棍/圈

1.参赛人数：10人以上。

2.比赛道具：1根2~3米左右的轻质塑料棍，最好可伸缩，或呼啦圈。

3.竞赛方法：

（1）让小组成员站成相对的两列或并排一列亦可，让小组成员全部将双手举到自己的眉头的位置。

（2）将轻质塑料棍放在每个人的双手上，注意：必须保证每双手都接触到轻质塑料棍，并且手都在轻质塑料棍下面。

（3）要求小组成员将轻质塑料棍保持水平，小组成员的任务是：

在保证每个人的手都在轻质塑料棍下面的情况下将轻质塑料棍完全水平的往下移动。一旦有人的手离开轻质塑料棍或轻质塑料棍没有水平往下移动，任务就算失败。

（4）用圈亦可代替做本竞赛。

4.竞赛规则：塑料棍必须保持水平下降。

橡皮筋

1.参赛人数：10~20人。

2.比赛道具：和队员人数相等的凳子和牙签。

3.竞赛方法：将队员分成两组，一组队员排成一排，站在凳子上。给每位凳子上的队员发一支牙签衔在嘴里，给第一位队员的牙签上套一个橡皮筋，要求第二名队员用牙签接住后向下传，第三名接住后再往下传……直到最后。

而站在地上的一组队员除了不能推凳子上的人外，可以用任何办法进行干扰，如果橡皮筋掉了的话，就要重新开始。一组传完后，两组队员交换角色。

4、竞赛规则：

（1）每次传递定时5分钟。

（2）站在地上的一组不可推撞凳子上的队员。

人浪

1.参赛人数：10人以上。

2.比赛道具：大缆绳。

3.竞赛方法：

（1）全体队员手握缆绳围成一圈，面向圆心，同时向后靠，形成一个巨大的人圈。

（2）主持人发出指令。

①某个方向的人向下蹲，另外三个方向的人感觉中间力量的变

化。

②按顺时针方向逐一向下蹲,完成人浪的操作。

4、竞赛规则:下蹲时跌倒者淘汰。

呼啦圈竞赛

1.参赛人数:12人或14人一组。

2.比赛道具:每组一个呼啦圈。

3.竞赛方法:全体参加竞赛人员手拉手围成一圈站在一起,其中两人一起握住呼啦圈。要求大家不松手,全体人员都要钻过一遍呼啦圈。

4.竞赛规则:不允许身体任何部分接触呼啦圈,否则需重新开始。

信息传递

1.参赛人数:30~50人,10人为一组。

2.比赛道具:一则摘自报纸杂志的简短文章。

3.竞赛方法:

（1）先从近期报纸杂志中摘选一则2～3段长的文章，但不要热门的新闻。

（2）将队员分成10人一组。并将各组成员从1号到10号分好次序。请1号留在教室内，其他人先出去。首先，把故事念给各组的1号听，但不允许他们提问或做记录。然后，2号可以从教室外进来，每组的1号负责将故事复述给2号听。接着3号进来，2号将故事再复述给3号听，直至每组的10号都听到了故事。

（3）请每组的10号队员复述一下听到的故事。

4.竞赛规则：10号队员复述准确率达50%者为优胜组。

夜战

1.参赛人数：6～12人，分为两组。

2.比赛道具：蒙目罩、充气塑料大棒等。

3.竞赛方法：竞赛每次2人，戴上蒙目罩，手持充气塑料大棒，原地转3圈，然后在其同伴的引领下，寻到目标，用充气塑料大棒打击对方，每人有5次出击的机会，如果机会用尽那只能躲闪了，击中对方次数多的为胜。

4.竞赛规则：出击机会用尽，不可再出击，否则判输。

搭桥过河

1.参赛人数：24人。

2.比赛道具：木牌。

3.竞赛方法：30米距离，两端各站12人，每端分成3组，每组2人，一人走，另一人拿3块木牌，轮流向前放置，要求走的人必须站在木牌上，站在地上的每次加5秒，一方有一块木牌过线后，另一方才可以进行接力。

4.竞赛规则：以完成用时最少的队伍为胜。

推小车

1. 参赛人数：8~10人。

2. 比赛道具：空场地一块。

3. 竞赛方法：两个竞赛者一组前后站立，后面的乙抬起甲的两腿，甲用两臂撑地，立在起点线上。组织者鸣笛后，各组同时开始行进，乙推甲，甲用手代步，交替移动两手前进到终点。回到起点后，两人交换。可以做15米距离的比赛。

4. 竞赛规则：推车的人要配合"车"的动作前进，不要用力在前推或者后拖拉；不许开玩笑，注意安全。

俯卧撑对抗赛

1. 参赛人数：10~20人。

2. 比赛道具：平整的场地一块。

3. 竞赛方法：将竞赛者分成人数相等的若干组，各组竞赛者面向内手拉手成圆圈站好。组织者预先规定每组必须完成俯卧撑的总数。当组织者发令后，每组先出一人做俯卧撑，其他人帮数数，尽力做完后站起，第二人马上接做俯卧撑，其他人接续第一人完成的数量往下数，依此类推，直至全组完成规定数量后站好举手示意，以各组完成的先后顺序排列名次。

4. 竞赛规则：做俯卧撑时，身体要挺直，保持水平姿势；屈臂时，大小臂夹角要小于90度，

否则不算；如各组每人做完一次后仍然达不到总数时，允许做第2次以凑足总数；接续前人做俯卧撑时，必须等前面人站直后方准后面人俯身做俯卧撑。

双人跳蚂蚱

1. 参赛人数：8~12人，两人为一组。
2. 比赛道具：排球场一块。
3. 竞赛方法：两人一组，面对面抬左腿，用右手握住对方的左脚踝，组成一个"小蚂蚱"。发令后，用侧跳的方法跳到终点线，再迅速换成左手右脚踝组成"小蚂蚱"跳回起点，先完成的组为胜。
4. 竞赛规则：组成"蚂蚱"不能散架；如散架，必须原地组好才能跳。

手扶拖拉机

1. 参赛人数：6~12人。
2. 比赛道具：在场地上画两条相距15米的平行线，一条线为起点线，另一条线为终点线。
3. 竞赛方法：竞赛者每三人为一组，站在起点线后，两人并肩站立，内侧的手相拉，内侧的两腿向后抬起，由后面一人抓住踝关节组成一台"手扶拖拉机"。竞赛开始，前面两人用单足跳跃前进，至终点线后换一个人做拖拉机手，用同样的方法至起点线，再换第三人作拖拉机手。以先到达终点线的组为胜。
4. 竞赛规则：行进中拖拉机手不得松手，拖拉机不得散架；发令前不得过线和抢跑，过线后才能折返。

编花篮

1. 参赛人数：20~30人。
2. 比赛道具：平整空场地一块。
3. 竞赛方法：3~10人一组，每人弯曲右腿，以脚背勾于临近一人

的膝关节处，同时自己也被别人勾住，组成一个大"花篮"。竞赛开始大家一边唱歌，一边单脚跳跃转圈。以坚持时间长的组为胜。

　　4.竞赛规则：必须以脚背勾住邻近一人的膝关节，脱节为失败；竞赛中应连续跳跃旋转，不得停止不动。

虚拟结构游戏指导

雨

1.参赛人数：10~20人。

2.比赛道具：游艺室内。

3.竞赛方法：

（1）以主持人为圆心，所有队员围成五个同心圆并面对主持人。

（2）由主持人示范以下动作，告知大家将要开始经历下雨的全过程。

①手掌相互摩擦：下雨之前的风声。

②手指交互拍打：开始有雨滴。

③多指一起拍打：毛毛雨。

④拍打大腿：下大雨。

⑤拍打胸口：下暴雨。

（3）示范完后请队员操作练习一次，每个动作依序由最内圈向最外圈传递。

（4）请所有队员将眼睛闭上，保持静默，再由主持人从圆心开始将1~5的动作向外圈传递，然后再从5~1，等所有声音停止，再让队员张开眼睛。

4.竞赛规则：比赛过程中不得睁开眼睛。

架桥过河

1. 参赛人数：30~50人，分为两队。

2. 比赛道具：在地上画两条相距为15米的平行线，代表"小河"。发给各小队13把椅子。

3. 竞赛方法：在起点线后排成一路纵队，人都站在椅子上。发令后，各队齐心合力把后面一只空余的椅子传到起点线前，12人依次向前移，再把后面空出来的椅子传到前面。如此连续挪椅移位前进。

4. 竞赛规则：人自始至终不能离开椅子，椅子之间不得有空隙，否则判为失足掉进河里，酌情扣分，安全到达彼岸的队即可得分。

翻叶子

1. 参赛人数：12~16人。

2. 比赛道具：每组一块布，约可让整组人站上或稍大。

3. 竞赛方法：

（1）所有队员现在是一群雨后受困的蚂蚁，在水面好不容易找到一块叶子站上，却又发现叶面充满了毒液，除非大家可以将叶子翻面，否则又将遭受另一次生命的威胁。

（2）在叶子成功翻面以前，每隔3分钟，就有一人中毒失明（或无法说话），由团队自行决定谁是中毒者。

4. 竞赛规则：

（1）整个过程都站在叶子上，包含讨论。

（2）所有人身体的各部位均不可碰触到叶子以外的部分，否则重来。

修复计算器

1. 参赛人数：每组12~16人。

2. 比赛道具：数字板30个（标明1~30），绳子8~9米两条。

3. 竞赛方法：

（1）用绳子围成一个长方形的框，主持人将数字板字朝上任意放置在框内，在距离10米远用另一条绳子标示为起点。

（2）所有成员须自起始线出发到数字框外围，依序碰触1～30的数字后回起点。

（3）所有成员须在界线外讨论且不能观察及试验。

（4）号码不可以跳号、重复或同时有一个以上的数字被碰触。

（5）不可同时有两个或两个以上的人在框内，也不可碰触数字板以外的地面。

（6）活动采用计时方式，每次犯规加计10秒。

（7）一共可执行三回合，目标是在最短的时间内完成任务。

4.竞赛规则：最短时间内完成任务者获胜。

同舟共济

1.参赛人数：10~20人，分为若干组。

2.比赛道具：木板若干块。

3.竞赛方法：参赛队员站在木板鞋上，在起跑线后站好。比赛开始，队员协同动作前进，以船尾到达终点线为比赛结束。

4.竞赛规则：时间少者为胜。

火车赛跑

1.参赛人数：男、女各8人。

2.比赛道具：平坦场地。

3.竞赛方法：参赛队员成一路纵队蹲下，后面队员将双手放在前面队员的肩上。比赛开始，全队同步双脚跳向前，以排尾通过终点线为比赛结束。

4.竞赛规则：用时少的队为胜。

发挥想象力

1.参赛人数：8~10人。

2.比赛道具：用硬纸板准备一些圆形、三角形、长条、四方形的图形。

3.竞赛方法：邀请若干队员上场，主持人给一人一个圆和一个长条图形，请队员在规定的一分钟内，利用自己丰富的想象力进行发散性思维，尽可能多地说出这两个图形可组合成哪些东西。例如圆和长条成垂直就是一把伞，也可把它看做是一副大饼油条、笔记本和钢笔，还可以组合成篮球架、镜架、苍蝇拍……

4.竞赛规则：以组合巧妙、合理、形象、丰富多彩、让人觉得言之有理名次列前。

攻关

1.参赛人数：8～20人。

2.比赛道具：画五条相距5米的平行线(线长3米)，每条线的一端画一个直径2米的圆圈，4米长的跳绳4根。

3.竞赛方法：将竞赛者分成人数相等的两队。竞赛开始，第一队先守关。守关队每两人持一根长绳分别站在4条短线两端的位置上，摇动长绳成为防守的关，其余队员担任裁判工作。

组织者发令后，第二队开始攻关，队员一个接一个采用任何方法通过摇动的长绳，比如：从绳下跑过或跳过，以免不被绳触及，安全冲过4道关者为破关而得1分，攻关时若触及长绳就算被捉住应退出并站在该关旁边的圆圈内。第二队做完后，与第一队交换进行。最后以捉住攻关者多的队为胜。

4.竞赛规则：摇绳者必须按规定的方向、幅度和节奏摇绳。攻关者不得从旁边绕过关，否则失1分，并退到关外的圆圈内。

复杂结构游戏指导

筑塔

1.参赛人数：10人以上。

2.比赛道具：桌子若干，筑塔的材料，积木或者其他代用品。

3.竞赛方法：人员均匀地分到小组中。每个小组的任务是在20分钟时间内，用所提供的材料，按照规定的方法，用最短的时间建造一座符合要求的塔，要求桌面上剩的材料不能超过5块。

小组之间相互竞争，以筑塔所用时间作为标准，最少时间者获胜。

4.竞赛规则：超过时间者判输。

天平称水

1.参赛人数：每队3人，两队对抗参加比赛，1人负责喷水，1人负责压水，1人运水。

2.比赛道具：

（1）10平方米的平地，不算水源场地。

（2）1架人工制作的天平，两端各吊1个水桶。两套射水器，两个小铁桶。

（3）天平长8米、高3米。用木料制作，具体尺寸可以自定，关键是保证两边平衡。天平两端吊的铁皮桶须大小一致，约能盛下20公斤水为宜。

（4）射水器的形状与原理似打气筒，用木料制作，尺寸是圆筒直径30厘米、高80厘米，喷嘴至射水器的水管长度为1.5米。

（5）运水桶。运水桶以可盛20公斤水为宜，桶底用铁钉钉3～5个洞，两个桶洞的大小要一致。

至于洞的数目，要看水源与射水器之间的远近；远则洞少些，近则洞多些。

具体数目，应作如下测试：让1男青年拎1个有若干个洞的水桶，将水放满；从水源处跑到射水器处，如剩1/3则正好，如超过1/3则应增加洞数；如少则减少洞数。

3.竞赛方法：场地一端放置天平，另一端放置两架射水器。每队3名队员，各负其责，互相配合，使射水器射出的水尽可能多地射入自己一方的天平水桶中，在10分钟的时限中，看谁桶中水多，下沉一方为胜。

4.竞赛规则：必须进行两次比赛，因为射水器与运水桶在制作方面，很难达到一模一样。第二次比赛时，双方交换射水器和运水桶。为了使比赛公平，两次比赛必须记下天平倾斜的刻度。最后以刻度数大者为胜。

蒙目抛小球

1.参赛人数：6～12人，分成两队。

2.比赛道具：蒙目罩、口袋、小球、水桶等。

3.竞赛方法：竞赛者戴上蒙目罩，手持一个口袋，内有小球24只，站在投掷线上背对水桶，在同伴的语言指引下，努力将小球投进水桶。

4.竞赛规则：投进多者为胜。

摘椰子

1.参赛人数：9~18人，分为两队。

2.比赛道具：准备一根中粗而又结实的毛竹竿，其长4~5米。在其竿顶粘挂一束五彩缤纷的气球。

3.竞赛方法：活动开始，要求小队的全体成员先把毛竹竿垂直扶起，然后让每一个人依次爬上去取下一只气球。

若有困难，同伴们可以在确保不倒竿的情况下，给予帮助和支持。如让他踩肩，替他托臀等。

4.竞赛规则：竹竿倒者为输。

罐头鞋

1.参赛人数：10~14人。

2.比赛道具：大汽油桶3个，长35米、宽0.28~0.3米、厚0.07米黄花松木板两块。

3.竞赛方法

（1）把两块板平放在3个桶上，板头分别压在桶的二分之一处。

（2）召集队员至场地，请不超过14人站到放在铁桶上的木板上，并宣布此项目名称。

（3）要求大家在40分钟的时间里，在人不落地的情况下，把3个桶和两块板向其延长线的方向移动两块板的距离。

（4）宣布从现在起任何人不能下地，直至到达目标物。

（5）可以利用的器材为两块木板，3个汽油桶。

4.竞赛规则：人不许下地，板不许落地，桶不许倒地，犯规一次罚10分。下面的人不能帮助，时间为40分钟，超时1分钟罚1分，不可超时25分钟。

请朋友

1. 参赛人数：10~20人。

2. 比赛道具：大家围圈坐在椅子上，另加一把空椅子，主持人播放轻音乐。

3. 竞赛方法：竞赛开始，空位两旁的人要拉着手跑到对面去邀一个人，请他坐上空位置。于是，又出现了一个空位，旁边两人又得继续拉手去邀请。

4. 竞赛规则：如此进行下去，过上一阵后，音乐中断，空位旁的两人或来不及回座位的三人，则要表演一个小节目。

车轮滚滚

1. 参赛人数：男、女各5人。

2. 比赛道具：轮胎。

3. 竞赛方法：队员成一路纵队站在起跑线后，线前20米放一标志

物。比赛开始,排头手推轮胎跑出,绕标志物返回,将轮胎交给第二人,自己站到排尾依次进行。

4.竞赛规则:以先完成的队为胜。

推铁环

1.参赛人数:男、女各5人。

2.比赛道具:铁环。

3.竞赛方法:队员成一路纵队站在起跑线后,线前20米放一标志物。比赛开始,队员手推铁环饶过标志物返回,以接力形式进行,以最后一人和铁环同时到达终点的先后判定名次。

4.竞赛规则:先到者为胜。

云梯接力

1.参赛人数:男、女各5人。

2.比赛道具:云梯。

3.竞赛方法:参赛队员成一路纵队站在云梯一端,比赛开始,第一人双手握云梯交替行进至云梯另一端,然后第二人用同样方法进行,如此依次进行,以完成先后判定名次。

4.竞赛规则:比赛过程中以云梯跌落者判输。

龙舟竞赛

1.参赛人数:10~20人,分成两队。

2.比赛道具:将两根长竹竿平行地放在地上,竹竿的长度可根据人数来决定。在两根长竹竿的两端,放两根短竹竿。

短竹竿的尺寸,可略大于肩宽。短竹竿和长竹竿垂直,用细绳缚好,就成一艘龙舟。

做两艘同样的龙舟,放在起点线的后面。起线和终点都用白粉画上一道线,中间的距离大约10～14米。

3.竞赛方法:参加竞赛的人数至少要10人以上,平均分成两队,每队排成单行纵队,每队的队首站在起点线,面向终点线,根据龙舟的容量,每次由4人、6人或8人同时来划舟竞渡。

"开始"的口令后,两艘龙舟同时向终点线竞渡。每个人只可用一只手捏住竹竿,另一只手规定要作划船的样子。

注意在竞渡的时候,步伐要一致,事先每队可拟好"左右左"或"一二一"的喊声,使动作一致。

到了终点线后,要急速转身,将龙舟划回起点线的后面,并将龙舟交给下一班,继续竞渡。

以最先竞渡完毕的一队为胜。

4.竞赛规则:不按规定动作操作者判输。

夹运三球

1.参赛人数:8～12人,两人为一组。

2.比赛道具:竹竿、足球、橡皮筋、独木桥、门洞、花盆等。

3.竞赛方法:发令后跑到第一站的圆圈内拿起两根竹竿(长2米)的两端,并用竹竿夹住3个足球,然后小心翼翼地跨过橡皮筋网格,横越双独木桥,钻过门洞,绕花盆一周。

4.竞赛规则:途中不掉球先到达终点的组为胜。

六人板鞋

1.参赛人数:12～26人,分为2～4队。

2.比赛道具:长板拖鞋、鞋套、提绳等。

3.竞赛方法：每队六人，发给一双长板拖鞋，上面有六个鞋套，鞋头有提绳，要求六人一起套穿上大板拖鞋，发令后，一起喊"一，二！一，二！"协调前进，途中不得跌跤，先到达终点者为胜。

4.竞赛规则：中途跌跤者判输。

发球得分

1.参赛人数：8~10人。

2.比赛道具：将排球场两个半场用平行于中线的直线各分为6个区，从靠近中线的一个区开始到端线分别标上1~6的号码，排球若干。

3.竞赛方法：将竞赛者分成人数相等的两组，一组每人持一球站在本方场地端线后，另一组分散在场外准备拾球。竞赛开始，持球组从排头开始，依次用排球正面上手发球的方法将球击向对方号码区，球击出落到几号区即得几分。一组击球全部完毕，换另一组。最后以各组累计分多少决定胜负。

4.竞赛规则：按规定方法在端线后击球，否则无效；击球落入号码区内有效，出界不得分；抛球后，没做挥臂动作可重做，如做了挥臂动作而未击到球，则算一次击球。

渡河

1.参赛人数：10~20人。

2.比赛道具：在场地上画两条相距10~15米的平行线，中间为河道，线外为河岸在河道内画大小不同的两组圆圈作为"石块"(两组圆圈的大小、距离、位置相似)。

3、竞赛方法：把竞赛者分成人数相等的两队，各队再分成两组成纵队面对面分别站在两端平行线后。裁判发令后，先由一端各队第一个人开始跳，从一块"石头"跳到另一块"石头"上，跳到对岸与第一人拍手，则对岸第一人跳回，如此依次进行，最后以先渡过河的队为胜。

4.竞赛规则：踏跳时，脚必须落在圈内，否则退回重跳。下一人必须被拍手后，才可进行跳跃。

蜘蛛行

1.参赛人数：10~20人。

2.比赛道具：实心球2个，小旗2面。在场地上画一条起点线，距起点线10米处，插2面小旗，小旗间隔3米。

3.竞赛方法：将竞赛者分成人数相等的两个队，各成一路纵队，面对小旗站在起点线后。竞赛开始，各队排头面朝上，头朝小旗，仰撑在地上，将球放在腹部。

当组织者发令后，迅速以手脚协调爬向小旗，绕过小旗后返回，将球交给本队第二人后，站到队尾。第二人照前进行，全队轮流1次，以先到的队为胜。

4.竞赛规则：爬行中保持球不掉下，如掉下则应在原地将球放好后再继续爬行前进。必须听到组织者发令后或交替后，接替人拿到球并将球放好后，方能起动爬行。

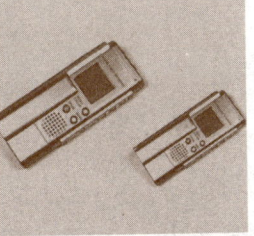

NO4. 校园表演游戏指导

舞蹈表演游戏指导

竞赛舞

1. 参赛人数：6~18人，每6人为一组。
2. 比赛道具：音乐播放器。
3. 竞赛方法：每个小组选出三人手拉手成一个大圆圈，然后每组另外三人站在前三人组成的圆周线上，围成一个小圆圈。音乐一响，第一、二个八拍：大家拍手，各小圈的甲用跑跳步，绕二周后回到原位。

第三个八拍：甲、乙、丙胸前击掌两下，侧平举，与左右的人击掌两下，同时左脚侧开跺一下地。第四个八拍：甲、乙、丙胸前击掌两下，半体前屈半蹲，双手拍自己的臀部两下。

第五个八拍：甲、乙、丙手拉手，逆时针方向跑跳步一周。第六个八拍：边唱"嘿！嘿！嘿！"边用单足跺地三下，然后用手心手背法猜拳。如果三人全都一样，则仍由甲开始领跳。

4. 竞赛规则：如果有一人与其他两人不同，则由他担任下一轮的领跳者。之后，音乐重复，第一、二个八拍，领跳者必须绕本圈一周后，跑到下一个小圈，下面动作同前。

舞龙头

1. 参赛人数：8~12人。
2. 比赛道具：一块场地。

3.竞赛方法：通过抽签，决定活动的先后次序。由一名队员当"龙头"，其他队员们都排在"龙头"后面成一路纵队。

活动开始，主持人播放音乐、龙头按节奏以足踏步前进，大家尾随，接着，"龙头"做各种各样引人发笑的动作，如鸭子步、熊走、猫行、醉汉走路、老头儿老婆儿赶集，或者冲锋、投弹、游泳、滑冰、开摩托车等，后面的队员要跟着"龙头"模仿，并且招手不断地邀请观众们。

观众来了兴致，也可以加入到欢快的行列中去。

4、竞赛规则：一旦"龙头"想不出新动作、重复已做过的动作或者长时间地不变化，即为淘汰。接着换下一位队员当"龙头"，活动重新开始。以创新变化动作多者获胜。

即兴表演游戏指导

我是记者

1. 参赛人数：不限。
2. 比赛道具：纸和笔。
3. 竞赛方法：

（1）让参赛队员们找到自己的拍档，最好不要太熟悉的人，然后其中一个人作为记者对这位拍档进行采访，采访的内容和形式都由自己定，时间为3分钟。你的目的是在3分钟内尽可能获取有深度的消息，要求你在采访过程中做笔记，完成后再进行角色交换。

（2）完成采访后，每位队员要把采访来的信息做一次一分钟的演讲，目的是要把你采访的人以最佳的表达方法介绍给大家。

4. 竞赛规则：采访限时3分钟。

疾风劲草

1. 参赛人数：8人一组为最佳。
2. 比赛道具：室内外均可。
3. 竞赛方法：

（1）主持人让每组成员围成一个向心圆，而主持人自己站在中央来示范，主持人双手绕在胸前，作出以下的沟通对话。主持人："我叫×××，我准备好了，你们准备好了没有？"

（2）全体参赛队员回答："准备好了！"

(3)主持人:"我倒了?"

(4)全体队员回答:"倒吧!"

(5)这时主持人整个身体完全倒在团队成员的手中,这时团队成员把主持人顺时针推动两圈。

(6)主持人做完示范之后,小组的每位成员都要来试一试。

4.竞赛规则:不能及时接住圈中人者淘汰。

同心圆

1.参赛人数:10人以上。

2.比赛道具:一块平整的场地。

3.竞赛方法:

(1)让参赛队员们紧密地围成一圈。

(2)让每个参赛队员把自己的胳膊搭在相邻同伴的肩膀上。

(3)告诉大家我们将要面临一项非常艰巨的任务。这项任务是大家要一起向着圆心迈三大步,同时要保持大家已经围好的圆圈不被破坏。

(4)等大家都明白了竞赛要求之后,让大家一起开始迈第一步。迈完第一步后,给大家一些鼓励和表扬。

(5)现在开始迈第二步。迈完第二步后,你可能就不必挖空心思去想那些表扬与鼓励的词语了,因为,目前的处境已经使大家忍俊不禁了。

（6）迈第三步，其结果可能是圆圈断开，很多队员摔倒在地上。尽管很难成功地完成任务，但会使大家开怀大笑，烦恼尽消。

4.竞赛规则：不听口令迈步者罚下。

盲人看世界

1.参赛人数：8～12人。

2.比赛道具：手帕若干条。

3.竞赛方法：

（1）主持人说明此活动是让大家体验领导者与被领导者；活动中要有5个参赛个队员先蒙住眼睛，其他成员则任选其一做同伴，站在他旁边去领导他，但不可说话，不可让他知道是谁，试着用其他方式带领同伴。

（2）主持人对未蒙眼睛的成员说明带领时的要点，不可让蒙眼睛者听到；你现在是领导者，看你如何用自己的方式，带领同伴去经历他周遭的世界。你如何借自己的领导，来扩充他的世界。注意自己的态度，是保护呢，还是不太能照顾的？对你来说，带领一个人是否为很重的负担？需很大的努力吗？

（3）开始选择同伴。

（4）主持人说明：现在开始去扩充你的世界，注意，不可说话，10分钟后回来。

（5）10分钟后，大家回来，拿下眼罩，看自己的同伴是谁？此刻成员的紧张、焦虑会提高，领导者会想，被领导者会不会对自己的领导失望，二人会有可能回到真实世界中的焦虑，因为真实世界中并未鼓励人与人之间这种接近和信任，所以团体在此时的气氛可能会有改变。特殊的感觉会带来笑声、叫声或惊讶。

（6）二人先自己分享彼此的感觉5～10分钟。

（7）二人再回大团体和团体分享15～20分钟。

（8）角色互换（可换新同伴，或仍是旧同伴）继续以上之活动，仍先由二人分享，再到大团体分享。

4.竞赛规则：必须蒙住眼睛。

连环手

1.参赛人数：10～50人，10人一组。

2.比赛道具：一块平整的场地。

3.竞赛方法：

（1）主持人让每组队员站成一个面向圆心的圆圈。

（2）主持人说：先举起你的右手，握住对面那个人的手；再举起你的左手，握住另外一个人的手；现在你们面对一个错综复杂的问题：在不松开手的情况下，想办法把这张乱网解开，最后形成一个大家手拉手围成的一个大圆圈。

（3）主持人告诉大家：乱网一定可以解开，但答案会有两种，一种是一个大圈，另外一种是两个套着的环。

（4）如果在尝试过程中实在解不开，主持人可允许队员决定相邻两只手断开一次，但再次进行时必须马上封闭。

4.竞赛规则：不能抓自己身边队员的手，自己的两只手不能同时抓住另外一个人的两只手，没有主持人的批准，任何情况下，队员的手都不能松开。主持人要多鼓励队员坚持到底，尽量不松手。

速凝

1.参赛人数：12～60人。

2.比赛道具：较大的室内或者一块平整的场地，排球若干个，收录机一台。

3.竞赛方法：

（1）分成6组，每组以自创的特殊方式结合起来，成员相互了解。

（2）其中3个组有球，另3个组各找一个有球的组，结成1个大组，要求1个大组的人再相互交流，了解每一个成员的3大信息。

①年龄和生日。

②最自豪的事。

③最爱好的事。

（3）音乐传球，音乐停，球在谁的手中，则由谁介绍这一大组每个成员的情况。

4.竞赛规则：不能准确、清晰地介绍本组全部成员的，罚他表演节目。

三个进球

1.参赛人数：10人以上。

2.比赛道具：每个小组1个大垃圾桶用来接球；40个网球放在袋子或盒子里。

3.竞赛方法：

（1）邀请一个志愿者，让他和你一起站在前面。

（2）让志愿者面向某一个方向站好，目视前方，不可以左顾右

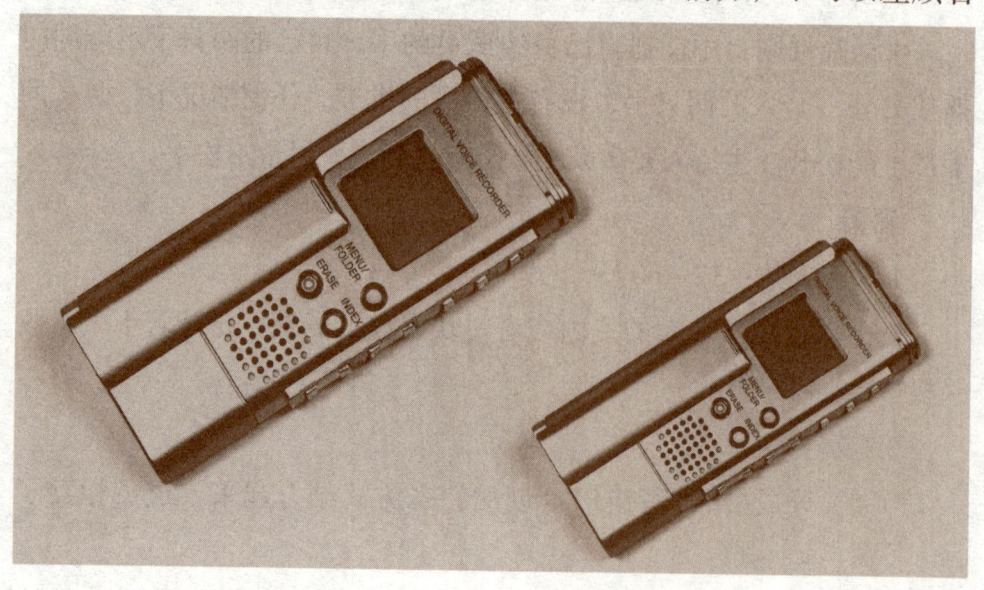

盼,更不能回头。然后,把装有40个网球的袋子交给他。

(3)把垃圾桶放在志愿者的身后,垃圾桶与志愿者间的距离约为10米。注意不要把垃圾桶放在志愿者的正后方,要让它略微向旁边偏出一些。

(4)告诉志愿者他的任务是向身后的垃圾桶里扔球,要至少扔进3个球才算成功。告诫志愿者不许回头看自己的球进了没有,落在了哪里。

(5)让其他队员指挥志愿者,告诉他如何调整投掷的力量和方向才能进球。注意,这里只允许通过语言传达指令。

(6)等志愿者扔进了3个球后,问他"是什么帮助他实现了目标",问其他队员是否也觉得很有成就感。

4.竞赛规则:扔进球数不达3个判输。

过河

1.参赛人数:10~20人。

2.比赛道具:软垫一块。

3.竞赛方法:找一个运动场,在场中画两条相距60厘米的平行线作为河。将参赛者分成两队,各成单行纵队,面对河站立。各队找出两个大力士在队前对面站立,两脚分踏河的两边,两手互握腕部。在河的对岸,各置垫子一块。

哨声响后,各队由排头始,依次做下列动作:走到河边两位大力士的跟前,仰卧在大力士互握的手上,3人同心协力使之迅速翻身过河,落在河对岸的垫上。

4.竞赛规则:过河者在对岸垫子上能站稳的得一分。以得分最多的一队为胜。

过关斩将

1.参赛人数:32~128人。

2.比赛道具：在场地的东南西北各端四方向两个相距2米的方块代表"关"，再用对称型的线条交叉连接起来代表路，每条路长30米。

3.竞赛方法：将参赛队员等分成8队，排纵队站于各自的关后。发令后，各队排头从关口沿路线跑出，同一路线两人相遇即可用脚或手猜拳，决出胜负，胜者继续前进，负者退出竞赛并迅速通知下一人马上出发再去较量……

直至有一方连斩数将冲进对方的关，就算胜了一局，接着交换对手再玩，最后积分多的队为胜。

4.竞赛规则：用脚或手猜拳时，迟出或慢出者无效。

团队热身

1.参赛人数：8～20人。

2.比赛道具：小队旗，大号水笔，粘贴纸和草稿纸若干份。

3.竞赛方法：参赛者先逐一作自我介绍，然后选出队长，集体讨论给本小队起队名，设计队旗、队徽，创作队歌并确定自己的口号。时间规定为5分钟，完成后派出代表，各用1分钟的时间，向主持人和观众依次展示作介绍。

4.竞赛规则：在规定的时间内做完者，经评比决出名次。

代号接龙

1.参赛人数：10人以内。

2.比赛道具：室内外场地均可。

3.竞赛方法：

（1）队员围成一个圆圈坐着，先选出一人做"鬼"。

（2）队员以"鬼"的位置为基准，从"鬼"开始算来的数字，就是自己的代号，每个当"鬼"的人都是1号，"鬼"的右边第一位是2号，依次为3号……

（3）竞赛从"鬼"的位置开始进行。如果"鬼"开始说"1、

2"，其意思就是由1号传给2号的意思。

（4）2号在接到口令后，就要马上传给任何一个队员，例如"2、5"的话，2当时就是自己的代号，5则是自己想传达者的代号，此数字可以自由选择。

（5）如此一直进行比赛。

（6）如果自己的代号被叫到而却没有回答的人，就要做"鬼"。

（7）"鬼"的代号是从1开始，所以当"鬼"换人的时候，则所有人的代号重新更改。

4.竞赛规则：在5秒之内没有将号传递下去者判输。

数字传递

1.参赛人数：10～48人。

2.比赛道具：用三个纸板各写一组数0、900、0.01。

3.竞赛方法：

（1）将参赛队员分成若干组，每组队员5～8名左右，并选派每组一名组员出来担任监督员。

（2）所有参赛的组员排纵队排好，队列的最后一人到主持人处，主持人向全体参赛队员和监督员宣布竞赛规则。

（3）各队代表到主席台前，主持人说："我将给你们看一组数字，你们必须把这组数字通过肢体语言让你全部的队员都知道，并且让小组的第

一个队员将这组数字写到讲台前的白纸上（写上组名），看哪个队伍速度最快、最准确。"

（4）全过程不允许说话，后面一个队员只能够通过肢体语言向前一个队员进行表达，通过这样的传递方式层层传递，直到第一个队员将这个数字写在白纸上。

4.竞赛规则：比赛进行三局，每局休息1分钟。第一局胜利积5分，第二局胜利积8分，第三局胜利积10分。

变姿运球

1.参赛人数：9~18人。

2.比赛道具：实心球3个，小旗3面。

3.竞赛方法：把竞赛者分成人数相等的甲乙丙3队，面向小旗，各成一路纵队站在起跑线后。

组织者鸣笛后，竞赛者把球夹在两腿中间俯撑爬行至小旗处。然后再把球放在腹部用仰撑爬行返回交第二人，以此类推。

4.竞赛规则：出发前必须由俯撑夹球开始；球从哪里掉下应从哪里捡起。

铅球保龄

1.参赛人数：10~20人。

2.比赛道具：在一块平整场地上画数条(视分组情况而定)相距1~6米、长约20米的直线为球道，每一球道对面并排放置3组装满水的废饮料瓶，中间一组放3个，两边各放2个，瓶与瓶之间的距离应小于铅球的直径，组与组之间的距离为0~2米左右，铅球若干个。

3.竞赛方法：竞赛者男、女分组后各成人数相等的若干组(分组情况视人数多少而定)，成纵队站立在起点线后准备竞赛。指定见习生或各组选派一人到对方球道担任记分、捡球、扶瓶工作。竞赛开始，各组排头用投掷臂持球模仿保龄球动作将球以地滚球的方式掷出，击中中间任一瓶得2分,击中任意一瓶均得分。

4、竞赛规则:击中两边任一瓶得1分,同时击中两瓶得3分,不中者得0分。每人一次机会,全体做完算一局结束,以累积计分决定胜负,采用三局两胜制,负者表演小节目结束竞赛。

螃蟹背西瓜

1.参赛人数:8人,4人一组。

2.比赛道具:空场地一块,排球若干个。

3.竞赛方法:4名参赛队员同时站于起跑线后,共同用背部夹住球前行,途中背部高球,用其他部位碰球,或球掉落,皆为犯规,须在犯规地停止前进直至重新调整好开始继续比赛;在规定距离内,用时少者胜出。

4.竞赛规则:必须用背部夹住球。

拉人进出圈

1.参赛人数:8~10人。

2.比赛道具:在平整场地上画一个圆,圆的直径约比竞赛者手拉手围成的圆的直径大2米。

3.竞赛方法:竞赛者在圆外手拉手围成一个圆圈,1~2报数,数1的为一队,数2的为另一队。每个竞赛者到圆的最近距离均为1米。

竞赛开始,组织者发令后,每人都设法把其他竞赛者拉出圆外,被拉出圆外者不得分。在规定时间内,得分多的队为失败,得分少的队为胜。

4.竞赛规则:竞赛时不得随意脱手,否则判失1分。

模仿表演游戏指导

放鞭炮

1.参赛人数：10人以上。

2.比赛道具：空场地一块。

3.竞赛方法：竞赛者以一臂间隔围成一个圆，组织者右臂侧举食指伸出站在中间扮作点炮人。竞赛开始，组织者口令发出"呲"的声音，同时沿顺时针跑动表示爆竹已经点燃。

随后突然停止在任意一个竞赛者面前，并以右手指着地。此时被指点的人应马上发出"嘭"的声音表示炮已经爆炸。其右侧人发出"吧"的声音，其左侧人发出"哎哟"的声音表示吓了一跳。凡动作不对和声音发出不及时者为失败。

4.竞赛规则：声音动作应同时进行，如脱节判为失败。被指人发出"呲"，右侧人发出"吧"，左侧人发出"哎哟"，顺序颠倒判为失败。

官兵捉贼

1.参赛人数：10人以上。

2.比赛道具：四张小纸。

3.竞赛方法：准备四张小纸，纸上分别写着"官"、"兵"、"捉"、"贼"字样。将四张纸折叠起来，参加竞赛的四个人分别抽出一张，抽到"捉"字的人要根据其他三个人的面部表情或其他细节来猜出谁抽到的是"贼"字。

4、竞赛规则：猜错了要被罚，由抽到"官"字的人决定如何惩罚，由抽到"兵"字的人执行。

羊肉串几片肉

1.参赛人数：10人以上。

2.比赛道具：无。

3.竞赛方法：竞赛人数以一个中队为宜，大家手拉手围成圆阵，都当羊肉片，选一人居中当卖者。竞赛开始，大家按逆时针做跑跳步，卖者摇臂做扇风状，并用维族语调招呼顾客："哎，烤羊肉串，香得很……"卖者喝声一停，大家欢乐得止步齐问："每串有几片肉？"

如果他说："还没有烤熟哩！"或"还没有放调料呢！"则继续做跑跳步，这样的一问一答可进行数次，一旦说："每串有一片肉！"大家就必须马上解散，每人排成一路纵队。

4.竞赛规则：面朝卖者，剩下多余者成不了串的为失败。

抛笑

1.参赛人数：10人以上。

2.比赛道具：无。

3.竞赛方法：把竞赛者分为两个小队。主持人说："我的手里抓着'笑'，抛进我自己嘴里，我就笑出来（自己大笑）；我说'一小队'，同时用手把'笑'抓出来抛给一小队，一小队全体必须笑；我再用手一抓，笑被我收回，你们要立即停止笑；我说'二小队'，同时把手中的笑抛向他们，二小队全体都要大笑；片刻之后，我又做抓笑状态，抛入自己口中，二小队要停笑，只有我一人笑"。"抛笑"竞赛就是有意设计了诸多难以解决的矛盾，把竞赛戏剧性地推向高潮。

4.竞赛规则：在竞赛过程中，该笑的不笑，不该笑的笑，都算输。

猎人和"鸭子"

1.参赛人数：10人。

2.比赛道具：篮球1个。

3.竞赛方法：竞赛者站成10～12米的大圆圈，在每个人脚前划一个圆周线。带头人叫他们一、二报数，报一数的人走进圆圈做"鸭子"，报二数的人站在圈外做"猎人"。

"猎人"们把一个球传来传去，想尽快掷中"鸭子"。"鸭子"却一刻不停地躲避，被皮球掷中的"鸭子"应退出竞赛。因此圆圈里的人越来越少，等最后一只"鸭子"被打中了，两队就互换角色。

哪一队"猎人"打中全部"鸭子"所花的时间少，哪一队获胜。

带头人最好根据手表发出竞赛开始和结束的信号，并记录两队"鸭子"停留在圈内的时间。

4.竞赛规则："猎人"只可以在圆周外打鸭子；"鸭子"不可以碰皮球；球直接掷到"鸭子"才算打中，如果从地上弹起碰到"鸭子"，不能算打中。

迷宫追逐

1.参赛人数：10人以上。

2.比赛道具：哨子。

3.竞赛方法：先选一个做"逃的人"，一个做"追的人"。其余的人排成几路纵队，每队三人或四人。每个人之间的距离，前后左右都是等于两只伸直的手臂的长度。

整队的方法是：两臂侧平举，向靠边的一队看齐，然后向右转90度，再两臂侧平举，向靠边的一队看齐。

裁判员跟竞赛者事先讲定：每发一次信号（喊口令或吹哨子），

大家向右转90度,仍旧侧平举手。

然后裁判员叫大家牵起手来开始竞赛。他不时发信号,竞赛者就不时向右转,使队伍间"走廊"的方向变幻莫测,好像成了一座迷宫似的。

这时逃的人在队伍间逃跑,追的人在后面追赶,后者尽量想追到前者(拍到就算捉到)。

要是逃的人给追的人拍到了,两人就互换角色。等到新的追的人拍到逃的人以后,就另选出两个人来做这个竞赛,原来的两个人站到空出来的位置上。

4.竞赛规则:竞赛开始时,追的人和逃的人要分别站到队列的两头;逃的人和追的人只可在队列之间跑来跑去,不可从竞赛者的手臂下钻过去,也不得拉开他们牵着的手。

盲人走路

1.参赛人数:10人以上。

2.比赛道具:眼罩。

3.竞赛方法:两人一组(如A与B)。

A先戴上眼罩,将手交给B,B可以虚构任何地形或路线,口述注

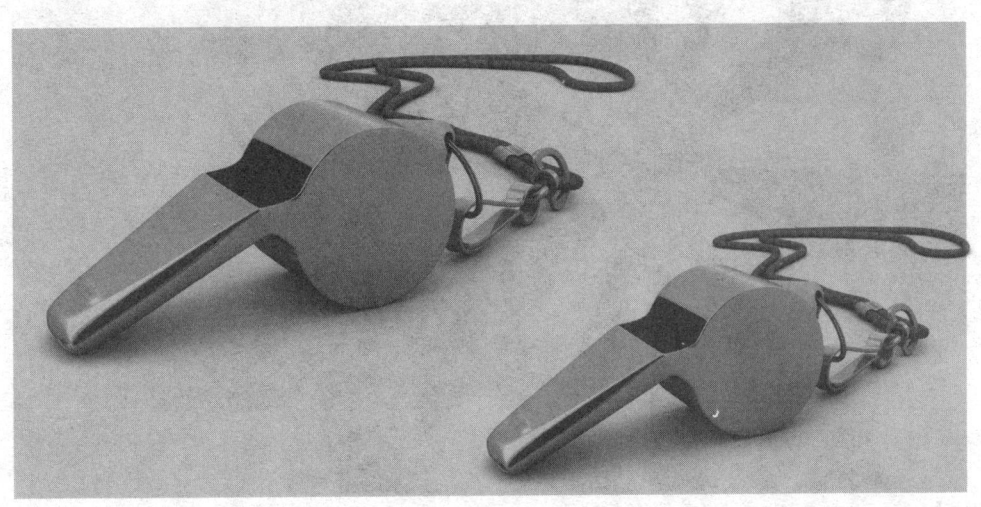

意事项指引A行进,如:"向前走……迈台阶……跨过一道小沟……向左手拐……"然后交换角色,B戴眼罩,由A指引B走路。

4.竞赛规则:限时10分钟,不能在规定的时间内走完预定路线者判输。

踩尾巴

1.参赛人数:5人。

2.比赛道具:纸尾巴。

3.竞赛方法:在5位竞赛者的裤腰带上挂上一条纸尾巴,根据每个人的身高纸尾巴长短不一,但拴好尾巴后落地部分都是7厘米长。每个人既要保护自己的尾巴不被别人踩断,同时又要用脚踩断他人的尾巴(不许动手)。

在踩别人尾巴时,自己的尾巴必然暴露在第三者的面前,五个人同时玩,使矛盾错综复杂。由于竞赛者的快速跑动,拖在地面上的7厘米长的纸尾巴会在空中飘舞,并不着地,这给踩尾巴又制造了难题。

因此，要取胜自然需要敏捷、机智和勇敢，还需要机遇。

4.竞赛规则：尾巴被踩断者被淘汰出局，最后一位尾巴没有被踩断者为胜。

投圈得分

1.参赛人数：8~10人。

2.比赛道具：在场地上画一条起投线，离该线15米、20米、25米处，并排画两个半径为1~5米的圆圈，相互间隔10米。垒球或沙袋若干个，放在起投线上。

3.竞赛方法：组织者可将竞赛者分成人数相等的两队，各成纵队分别对准圆圈站在起投线后，选出一名捡球员站在圆圈后面。

竞赛开始，各队排头手持球，由近至远依次向3个圈投3个球，投中一个得1分，如连中3个圈，则得分加倍为6分，投完后站至队尾。

第2人按同样方法投球，直至全队做完，以积累分数多的队为胜。

4.竞赛规则：投球时，如脚踏起投线，则投中无效。3次投球，必须依次由近及远向3个圈内投球，否则投中无效。

挽臂拔河

1.参赛人数：10~20人。

2.比赛道具：在场上画一条中线，距中线1.5米处各画一条平行线。

3.竞赛方法：将竞赛者分成两组，两组竞赛者面向相反的方向站在中线上，每名竞赛者均与相邻的对方两名竞赛者互相挽臂，两脚前后开立。

竞赛开始，听组织者发令后，两组用力拉，以将对方拉过前面的平行线的组为胜。

4.竞赛规则：听组织者发令后，方可用力拉；竞赛中不得随意松开臂，不得用脚绊人；将对方1/3的人拉过线即为取胜。

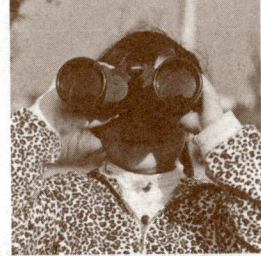

NO5. 校园体育游戏指导

球类运动游戏指导

篮板反弹球

1.参赛人数：8~10人，分为两队。

2.比赛道具：篮球1个，篮球场地。

3.竞赛方法：竞赛者进入篮球场地三分区内，各选任意位置站立。一人向篮板投球，球反弹后如弹跳中碰到任何人，则该人出局，投球者可继续投。

如未碰到任何人，则投球者可再投，最多三次，如还碰不到任

何人，则投球者将投球权转交下一人，以此类推，直至场地内仅剩一人，该人胜。

4.竞赛规则：内人躲避来球时不得双脚移动，但可以单脚支撑，以改变身体姿势的方法躲避来球，可坐侧体、下蹲等动作。

叫号接球

1.参赛人数：20~40人，10人为一组。

2.比赛道具：篮球若干个。在场地上画若干个直径为8~10米的大圆圈，在每个大圆中心画一个直径为1米的小圆。

3.竞赛方法：竞赛者10人一组分为若干组，各组竞赛者在大圆圈外站好，然后按1~10报数，每人所报的号数作为自己的代号，各组选出一名竞赛者持球站在小圆圈内。

竞赛开始，持球者用力向上抛球，同时高喊一个号数，如"3号！"3号竞赛者听到喊声迅速跑向小圆圈内接球，抛球者则向圈外的3号位跑去，3号竞赛者在球落地前将球接住后，立即用球去掷触抛球者，若在抛球者跑到3号位前触中，则抛球者仍回小圆抛球；如未触中或未接到球均由3号竞赛者在小圆内抛球喊号，竞赛继续进行。

4.竞赛规则：抛球者必须站在圆心垂直向上抛球，抛出的球要有一定高度；抛球开始与喊号必须同时进行；被喊号者未接住球或只接住球而未触到抛球者，均应在小圆内抛球喊号，抛球者在出圈前被触中应仍回小圆内抛球。

活动篮筐

1.参赛人数：20人，分成两队。

2.比赛道具：篮球1个，篮球场地一块。

3.竞赛方法：把竞赛者分成人数相等的两队，每队指定三人手拉手围成圆圈作为活动的篮筐，在本队半场内任意活动。

竞赛从中圈跳球开始，双方像篮球比赛那样进行攻守对抗，获球队通过传球,设法将球推进或投入对方的篮筐,每投中一球得1分,防守队设法获得球权转入进攻,竞赛反复进行,在规定的时间内以获得的分多的队为胜。

4.竞赛规则:做"活动篮筐"的参赛队员,不准松手或缩小圆圈,只能用移动的方式不让对方投中;进攻队员只准传球,不准运球或持球跑;出现违例或犯规时,均由对方罚界外球。

运动过杆

1.参赛人数:20人,分成两队。

2.比赛道具:8支旗杆,第1杆距离起运线3米、前5杆杆间距2米、后3杆杆间距1.5米。

3.竞赛方法:参赛队队员成一路纵队站在起运线后,处在排尾的队员,就是离旗杆最远的队员控球。

裁判员鸣哨开始比赛后,该队员将球从前面队友两脚间传至前方,排头队员接球并转身开始运球绕杆。

完成"往返"运球绕杆后,快速运球至队尾将球从前面队友两脚间传至前方,以此类推。第六位队员完成绕杆后,将球停在起运线上或以后,计时停止。

4.竞赛规则:各队必须按场地标记列纵队,就是正对旗杆列队。队员传球时,若球在中途受阻,允许其他队友帮助,但不允许用手触球,违者取消全队成绩。

不允许接球队员站在起运线上或后面就是起运线与旗杆之间范围内接球,违者取消全队成绩。

绕杆中,凡漏杆均无成绩。绕最后一杆,即第八杆,"往返"不允许在同一侧完成,否则按漏杆处理。

前8名记分,若成绩相等,各队出1名队员,进行12部位颠球比赛,按部位数量及组数决定名次,部位数量及组数多者名次列前。

运动篮球

1. 参赛人数：20人，分成两队。

2. 比赛道具：篮球场一块，篮球若干个。

3. 竞赛方法：把竞赛者分成人数相等的两队，成纵队分别站在端线的右侧。

组织者发令后，各队第一人同时运球，到对方篮下投篮，回来交给本队下一个人，先完成的队为胜。

4. 竞赛规则：运球时球在哪里脱手，就捡回在哪里重做。投球者不得越过端线。交接球只能用手递，不能运传球。

抢圈中球

1. 参赛人数：20人，分成两队。

2. 比赛道具：篮球1个，篮球场地一块。把篮球放在篮球场的中圈内。

3. 竞赛方法：将竞赛者分成人数相等的两队，各成纵队并排，两队间隔两米，面对右圈站在篮球场中线一端的边线外。

竞赛开始，每队排头做好起动准备。当组织者发令后，排头迅速起动跑向中圈去争抢圈内的篮球，抢到球并跑出圈者为本队得1分。

如在跑进中圈还没拿到篮球前被对方拍到身体，则算对方得1分；如在抢拿篮球但还没跑出圈，被对方拍到身体，则双方均不得分；然后两人排至各队队尾，由两队第2人再争圈中球，方法同前。

竞赛依次进行,最后以累积分多的队为胜。

4.竞赛规则:听到组织者发令后,方能起跑去抢圈中球,否则必须重新开始。

在争抢圈中球时,双方如速度相近时可在圈外寻找机会抢球,一旦进入圈内而不抢球即算失败,双方退回本队。

抢球时,双方只能用手拍其身体,不得推、拉、打、撞,否则算对方得分。

传球下蹲

1.参赛人数:12～20人,分成4队。

2.比赛道具:篮球场一块,篮球4个。

3.竞赛方法:将竞赛者分成人数相等的4队。各队排成横排站立,队与队间隔2米,队员之间隔2米。

鸣笛后,各队排头传球给第二人,传球方法可根据竞赛者情况规定,传完立即做蹲撑动作。

第二人按第一人方法做,以此类推,当最后一个接球下蹲后,全队迅速站起来,快者为胜。

4.竞赛规则:蹲撑时手一定扶至地面;本队最后一个竞赛者接球下蹲手触地面,其他队员才能迅速站起来。

占有地盘

1.参赛人数:20人,分为两队。

2.比赛道具:球20个,在场地上画若干个直径为1米的圆圈。

3.竞赛方法:圆圈中央站着的一个人是"守"方,圈外5米处站着的为攻方。攻方手中持球,待信号一发,立刻持球跑向圆圈,企图将球放在圈中央,时限一分钟。

守方在圈内尽量阻止对方进来,可用推、挤、撞的方法或其他方式击退对方,如果对方将球放在圈中央,就算胜。

4.竞赛规则：按组织者制定的方式来阻挡对方。按组织者要求的方式持球进攻。

持球碰人

1.参赛人数：10~20人，分为两队。

2.比赛道具：篮球场一块，篮球1个。

3.竞赛方法：竞赛者分散在半场内。指定两人传球，在不走步和不准运球的情况下，传球人用球触及场上跑动的竞赛者。被触者参加到传球行列，再去触及其他人。最后看谁没被触到。

4.竞赛规则：徒手竞赛者不许超出规定的场地线，违者算被触及。传球人不许运球。

姚明投篮

1.参赛人数：6~10人，分为两队。各队出一名选手，从场上任挑一位队员，合作完成这项任务。

2.比赛道具：篮球场、篮球、篮球衫、面具等。

3.竞赛方法：

（1）准备：让参赛队员骑坐在选手的双肩上，套穿上一件特大特长的篮球衫，戴上姚明的面具（两眼挖空，能看见的），选手用双手扶住参赛队员的大腿，穿套上特大球衫后他也能透过球衫的小窗口看到前方。

（2）练习：给一分钟运球、投篮的练习机会。

（3）比赛：从起点出发，运球三步上篮，投进篮即可得分。

4.竞赛规则：两人必须配合默契，上下运球前进，如同一人，不能掉下，否则为失误。

投篮进筐

1.参赛人数：8~16人，分为两队。

2.比赛道具：在地上画一条投掷线，其5米外布置一个罗筐，准备一个布口袋，内装30个网球或乒乓球，蒙目套一个。

3.竞赛方法：甲蒙目站在线后，背对罗筐，在乙的语言提示下，不断调控出手的轻重、远近和左右，进行投球，直到投进三球为止，换下一人进行。

4.竞赛规则：各队以进球的多少论输赢。

运球接力

1.参赛人数：20人。

2.比赛道具：篮球。

3.竞赛方法：参赛队员分两组，每组10人，各小组再分为两队分别站在起终点线后成一路纵队，比赛开始各小组起点线第一名队员运球至终点线将球交给终点线第一名队员，终点线第一名队员接球后迅速向起点线运球并将球交给起点线第二名队员，依次进行，以先完成的小组为胜。

4.竞赛规则：

（1）不得抱球跑。

（2）不得扔球。

传球接力

1.参赛人数：男、女各10人。

2.比赛道具：篮球。

3.竞赛方法：参赛队员成一路纵队，第一人手持排球准备。比赛开始，由第一人开始用头上胯下的方法向后传递，传至排尾，排尾抱球跑回。

4.竞赛规则：做完一轮先完成的队为胜。

躲流弹

1.参赛人数：20人，10人为一队。

2.比赛道具：篮球场地一块，篮球、排球各1个。

3.竞赛方法：将竞赛者分成人数相等的两队，每队选出一名队长。两队队长猜拳决定攻、守后，进攻队成纵队站在一侧端线外，排头手持篮球做好运球准备。

防守队分成人数相等的两组，分别分散站在两侧边线外，其中一人手持排球做好投击进攻的准备。

竞赛开始，进攻队排头向另一端线运球快速奔跑，如途中不被击中安全抵达时，则为本队得1分；如运球安全返回原处时，则又为本队得1分。全队依次照前进行。

防守队员站在两侧边线外，当进攻队员运球跑时，以排球掷击其身体腰部以下的部位或手中的球。该队队员若被击中，即算失败，应立即返回原处将球交给第二人运球跑。

当进攻队每人进攻一次后，累积得分，攻、守双方交换进行竞赛，最后以得分多的队为胜。

4.竞赛规则：防守队员可互相传递球和连续掷击进攻队员，但掷击时不得越过边线。进攻队员运球时,运球失误或被击中,均算失误,并换下一名队员进攻。

快速抢位

1.参赛人数:26~30人。

2.比赛道具:篮球若干个,在场地上画两个半径为2.5米和5米的同心圆,在外圆上等距画8个直径1米的小圆。

3.竞赛方法:13~15人一组进行竞赛,先选8人分站在外圆的小圆内,其余人站在内圆,每人1个篮球。

竞赛开始,所有竞赛者均原地运球,当竞赛组织者发出顺时针或逆时针运球的信号时,小圆内的运球者立即顺或逆时针运球进入前面一个小圆内,这时内圆内的人则乘机运球抢占空出的小圆,抢得小圆者,即占据这个位置;失去位置及未抢得小圆者退入内圆,继续竞赛,如此反复进行。

4、竞赛规则:内圆内运球者在听到口令前不得出圈;换位必须按顺序进行;没占到圈者回到内圆内;整个竞赛期间运球不得停止。

载筐篮球赛

1.参赛人数:10~16人。

2.比赛道具:在篮球场两端线内侧1米处各画一条与端线平行的直线交于两边线,作为禁区。篮球1个。

3.竞赛方法:将竞赛者分成人数相等的两队,每队5~8人,各队选1人为接球员站在对方禁区内,其余人分散在场内。

竞赛开始,两队在中围争球后,双方展开攻守对抗。把球传给对方禁区内的本方接球员即得1分。由对方在端线外发球,竞赛继续进行。以先得20分的队为胜。

4.竞赛规则:执行篮球比赛的有关规则;接球员不得在禁区外接球,其他队员均不得进入禁区,否则由对方发边线球;发球时不得将球直接传给接球员。

快速传球

1.参赛人数:8~16人,分成两队。

2.比赛道具:在场地上画一个大圆圈,大小根据竞赛人数而定,篮球两个。

3.竞赛方法:将竞赛者分成人数相等甲、乙两队,并让两队竞赛者交错站在圆圈上。两个篮球分别交给对称站立的甲、乙队各一名队员手中。

竞赛开始,持球的两队队员,根据组织者伸出左手或右手,向该方向同队下一人依次传球,组织者不断变换方向,最后以一个队的球追上另一队的球为止,追上的队为胜。

4.竞赛规则:传球时,必须依次传递,不得间隔传球。传球失误时,必须由失误人将球拾起跑回原位置后,方能继续往下传球。传球

中，两队队员不得干扰对方的传球。

跳转接反弹球赛

1.参赛人数：16～32人，分成4组。

2.比赛道具：在一块平整的场地上画若干个直径2米的圆圈，排球若干个。

3.竞赛方法：将竞赛者分成4组，各组第一人持球站在圈内，其他人站在圈外。

竞赛开始，各组第一人向地上用力掷球，待球弹起时，立即原地跳起转体360度，在空中将球接住，连续做三次。

每完成一次接球动作得1分，然后换第二人做同样动作，依次进行，待全组人都做完后累计分数，以得分多的组为胜。

4.竞赛规则：必须跳起转体360度以后才能接球；未接到球者判失败。

托排球

1.参赛人数：6～12人，分成两队。

2.比赛道具：一个小队一个排球。

3.竞赛方法：各队围成一个松散的圆阵，发给一个排球，发令后，开始托垫球，一边托垫一边大声喊出次数来。

4.竞赛规则：如果失误了，必须立即拾起再从头数起，在规定的2分钟时间内，托垫得多的队名次列前。

同心协力

1.参赛人数：20人，分成两组。

2.比赛道具：排球20个。

3.竞赛方法：小队每个人双膝夹住一只排球站成纵队，后一人搭在前一人的肩上，排头双手叉腰。

发令后，同心协力从起点跳跃前进并喊口令："一，二，一，二，一……"至15米处的折返线后全体向后转，左手搭住前一人的右肩，排头左手叉腰，右手持球，大家一起喊有节奏的口令运球返回。

4.竞赛规则：中途不能失球或散架，如果失误了必须重做，直至成功。

协同作战

1.参赛人数：8~16人，两人一组。

2.比赛道具：排球若干个。

3.竞赛方法：参赛者背对背，互相挽住对方的手臂，中间夹一排球，站在起跑线后。

比赛开始，二人迅速侧身向前跑，绕过标志物跑回将球交给后面的队员，依次进行，以先跑完的队为胜。

4.竞赛规则：

（1）不得松开手臂。

（2）球若掉下必须拾起重新开始。

遮网排球

1.参赛人数：10人以上。

2.比赛道具：排球场若干个，用大块布遮住排球网。排球若干个。

3.竞赛方法：竞赛者6人一队分成若干队，每两队一块场地按排球比赛的方法进行竞赛。队员看不到对方的行动，以此来培养竞赛者的预测判断和快速反应的能力。可采用三局两胜制，每局10分。

4.竞赛规则：按排球比赛的规则进行。

上下传球

1.参赛人数：10人以上。

2.比赛道具：排球4个。

3.竞赛方法：将竞赛者分成人数相等的几组，分别成纵队站立，两人之间距离1米左右，各组排头持球，竞赛开始，排头不转身将球从头上向后传递给排二，排二接球后则必须体前屈从胯下传给排三，排三接球后以头上传给排四，如此从头上、胯下向后传球至最后一人。

排尾接球后迅速将球向前传，前面人转身接球，如此将球传至排头，排头接球后立即将球举起，以示完成。最后以最先完成的组为胜。

4.竞赛规则：向后传球必须是一上一下交替进行。从排尾向排头回传球时，接球者向左或向右转体不限，但不得隔人传球，发现隔人传球，即判该组失败。

流星锤

1.参赛人数：8～16人。

2.比赛道具：将排球装在网内，悬挂在高处，并通过球的投影画出一条线为中心线。

3.竞赛方法：两人一组，分别站在中心线两侧，面相对。竞赛开始，由一人把球向前抛，使球摆动，接着两人便轮流击球，并设法把球击得越远越好，如该组失误3次，便由场下另一组替换该组，竞赛重新开始。

4.竞赛规则：除手和前臂外，身体任何部分不准接触球；不准抓住球和掷球；没有击到球或击球时接触吊绳为失误。

坚守一方

1.参赛人数：10～20人，分为两队。

2.比赛道具：排球1个。在场地上画一个直径为10米的圆圈，在圆的中心画一个边长为3米的正方形。

3.竞赛方法：一队站在正方形的各边线外面做防守者，另一队分散站在圆圈外面做进攻者。竞赛开始，进攻者尽力把球滚入正方形。

防守者则尽力阻止球从自己防守边线滚入。如球从正方形的某一

边进入,该边的防守人则与滚球人交换攻守,竞赛继续进行。

4.竞赛规则:进攻者可以相互传球,捕捉战机,但攻球时必须用地滚球,不得用脚踢球。进攻或防守人不得越线。越线攻入则判无效,越线防守算失败,并交换防守。

头上胯下传球

1.参赛人数:8~16人,分成两队。

2.比赛道具:排球2个。

3.竞赛方法:将竞赛者分成人数相等的两队,各成纵队,两队间相隔3米左右。各队排头手拿一个球,队员前后要保持适当距离,两脚左右分开,准备接球和传球。

竞赛开始,组织者发令后,各队排头将球从头上向后传递,依次由头上、胯下传球到排尾。排尾队员得球后,持球跑到排头前用同样方法传递球,竞赛如此依次进行。

每人充当排头一次,直到原排头持球跑回自己的排头位置并举起球为止。最后,以先传完并举起球的队为胜。

4.竞赛规则:传球时,要由头上、胯下依次手递手地进行,不得抛掷球或隔人传球。球若落地，应由持球人在原地拾起继续按规定的方法传递球。

高抛快跑

1.参赛人数：20人，分成两队。

2.比赛道具：排球或足球1个。

3.竞赛方法：把竞赛者分成人数相等的甲乙两队，甲队推选一人持球站在小圆圈内为抛球者，乙队推选一名队员站在大圆圈附近为接球者。

竞赛开始，抛球者将球尽量高地向上抛起，并必须使球落在大圆圈内。当抛球者抛球时，站在起跑线上的甲队全部队员急速跑到终点线并折回跑到原处。同时，站在圈外的接球者进入圈内接球，并立即将球抛传给本队离自己最近的一名队员。

这个队员接球后立即运球进入小圆圈，然后用球投击还没来得及跑回线上的任何一名甲队的队员，掷中一人即得1分。之后双方交换，竞赛重新开始。

4.竞赛规则：乙队队员若不能掷中甲队队员，则甲队做跑者，但乙队需换一名接球者。

抛球人若将球抛出圈外，（直径7米）对方即可得1分。乙队运球到小圆圈后，甲队没有人跑回起跑线得2分；若能掷中甲队再得1分，若掷不中则甲队得1分。

乙队运球到小圆圈前，甲队已全部跑回线上，甲队得2分；只能投击对方腹部以下，违者算失误。

地滚球

1.参赛人数：10～20人，分成两队。

2.比赛道具：排球1个，实心球4个。画1个长24米、宽17米的长方形场地。在场地中心画1条长1米，与端线平行的线为罚球线，分别在两条端线中间用实心球设置1个1～2米宽的球门。

以球门的中点为圆心，画1条半径为2.5米的半圆弧形线为禁区。

3.竞赛方法：将竞赛者分成人数相等的两队，分散在场地内，由两队队长争发球权。竞赛开始，由发球队在自己的后场端线外用地滚球的方法发球。

通过队员相互用地滚球的方法传递，向对方球门推进，组织进攻，寻找有力的射门时机，防守队则积极防守，进行抢截球，在禁区外保护球门，防止对方射门，并力争转守为攻。

将球滚射进入球门，则进攻队得1分，然后由失分队在后场端线外发球，比赛继续进行。

竞赛可分为上下两个半时进行，每半时8～10分钟，中间休息1～2分钟。下半时交换场地，发球后迅速比赛。

4.竞赛规则：必须用地滚球传、运球，不得使球脱离地面；不得推人、拉人，不得用脚踢球，如犯规则由对方在原地发球；球出界，则由对方发界外球。

攻守队员均不得进入禁区，如违反则由对方发界外球；对方射门时，防守队员进入禁区防守或犯规情节严重时，可在罚球线后判罚12米点球。

足排球

1.参赛人数：10～20人，分为两队。

2.比赛道具：排球场地，足球若干个。

3.竞赛方法：使用排球场地和排球规则，用踢足球的方法进行"足排球"的比赛。组织者可以根据竞赛者的水平、练习的目的等，规定一些特定规则，以达到锻炼的目的。除手和臂外，允许使用身体的任何部位接触球。计分方法同排球比赛。

4.竞赛规则：接对方的来球，不准一次过网。每队也不得连续触球超过三次。

顶球赛

1. 参赛人数：12~20人，分成4队。

2. 比赛道具：足球若干个。

3. 竞赛方法：将竞赛者分成人数相等的若干队，各成一路纵队间隔4米距离站好，每队选出一名抛球人，面对本队排头站在距离排头3米处，手持足球做好准备。

竞赛开始，各队抛球人将球抛给本队第一人，第一人用头将球顶回给抛球人，待抛球人接住后站到队尾。其余人照前依次进行，每队每人轮流一次，最后以累积顶接球次数多的队为胜。

4. 竞赛规则：抛球人接住本队顶回的球算成功一次；各队要按顺依次顶球，否则算失误。

转体传球

1. 参赛人数：16~24人，分为8个小组。

2. 比赛道具：排球或篮球若干个。

3. 竞赛方法：竞赛者站好，纵队为一组，各组人数相等，第一人持球，听信号转体依次传给后一人，最后一人接球举手，先举手为胜利。将竞赛者分为八个小组，四个小组先比赛，一、二名和另四个小组的优胜队再进行比赛。

4. 竞赛规则：不准抛球，不

许隔人传球，违例名次排在最后。

夺球之战

1.参赛人数：20人，分为4组。

2.比赛道具：在场地上画一条起点线，让竞赛者排成一列横队站在线后，从排头开始1~4报数，并按报数先后分为4组依次排列。在起点线前画一个1米左右的小圆圈，选出一个引导人手持一个小足球站在圆内。

3.竞赛方法：由引导人将球踢向前方，这时随意叫一个号数，如叫"3"号，则4个组的3号人员全力以赴跑去追球。

4.竞赛规则：在追球时，竞赛者不准用手推拉人，要用脚带球把球带回，如把球踢向起点线则视为无效。谁把球带回起点线，谁就为该组争得1分。

最终以得分多的组为胜。

球类沙龙

1.参赛人数：10~12人。

2.比赛道具：足球、篮球、排球、网球、毽球、乒乓球、塑料筐。

3.竞赛方法：各队成一路纵队站在起跑线后，起跑线前每隔5米放置一个筐，筐内依次放置足球、篮球、排球、网球、毽球、乒乓球等器械。

4.竞赛规则：要求队员每经过一处要用颠、拍、垫、踢等方法击打各类器械5次。比赛采用接力形式进行，先完成的队为胜。

保龄球

1.参赛人数：8~10人。

2.比赛道具：网球，乐百氏奶。

3.竞赛方法：每个人有2次机会掷球（10米），从发球线开始滚动网球，砸中的乐百氏奶归个人所有，对于没有砸中乐百氏奶的人罚跑一圈。

4.竞赛规则：一定要在发球线开始滚动网球，否则视为犯规。

快速传球

1.参赛人数：20人。

2.比赛道具：1个皮球。

3.竞赛方法：

（1）把队员分成4~5个小组，所有的队员围成一个大圆圈，一个组的队员必须在一起，不能错开。

（2）然后将一个小球交给第一队的第一名队员，要求小球必须传过每一个人，不能落地，并规定在30秒的时间内必须传完5圈。

4.竞赛规则：

（1）当规定时间到时，若还没有完成5圈，则小球在哪组队员手中，该组全体就要"受罚"（原地深蹲或俯卧撑等）。

（2）"受罚"后，开始进行第二轮竞赛。

（3）开始后的第一轮，队员们会发现要在这么短的时间内传5圈是很困难的，因此在第二轮中，有的队可能故意放慢节奏"陷害"其他队。这时候主持人要进行引导，通过几轮竞赛反复后，使队员们发现："陷害"其他队的做法并不可取，因为那是随机的；而唯一能做的就是共同努力想办法去创造记录，比如大家把手伸出形成平面，让球在上面滚过去等。

（4）有些队员可能因受"罚"而产生情绪，认为不公平，所以每轮从不同的起点开始，并在开始前打好"预防针"。

归队球

1.参赛人数：20~30人，分成两队。

2.比赛道具：准备大皮球若干个。

3.竞赛方法：用大皮球投掷圈内的人，被掷中者退出圆圈；退出者在圈外阻止圈外的人投掷，并设法夺取其球，以求得归队的机会。

圈内的人如能用头顶着圈外人投来的空中球或地上的反弹球，可以叫一个已出圈的人归队；每顶一次，归队一人；多顶多归，一直到球落地为止。

如果球停在圆圈内，裁判员则宣布"死球"，由圈内的人用脚拨给圈外人。

圈外的人只要不踏及圆周，可以接取或钩打圈内的球。

4.竞赛规则：此竞赛十分钟为一局，然后两队互换角色继续进行。每局结束要计算成绩。没有归队的人数，每人以失一分计，失分多的一队为败。每次比赛进行四局或两局都可以。

小垒球

1.参赛人数：6～10人，分为两队。

2.比赛道具：在场地上画一横线为投掷线。小垒球或小皮球若干个。

3.竞赛方法：将竞赛者分成人数相等的甲、乙两队，成纵队分立于投掷线两侧。发令后，甲队第一人在起掷线后，将球向前用力投出，记好落点。

然后乙队第一人在甲队落点处向回投掷，记好落点。甲队第二人在乙队落点处向前投掷，如此方法依次进行。乙队最后一人掷球的落点如超过投掷线为胜，否则为甲队胜。

4.竞赛规则：投掷时不能超过投掷线，不能助跑，一定按规定进行。

拨球行进

1.参赛人数：4～10人，分成两队。

2.比赛道具：

场地一块。若干根小木柱，2个实心球，2根体操棒，将小木柱等距离放在直径为8米的圆周上。

3.竞赛方法：将竞赛者分成人数相等的两队，站在起点线后。竞赛开始，各队第一人用体操棒拨实心球绕小木柱曲线前进，返回到起点线时将体操棒和球交给第二人，自己站到排尾，最后哪队小木柱没有倒，又完成得快为胜。

4.竞赛规则：必须听到口令后才能从起点线出发。如果小木柱被碰倒，应由本人立即将小木柱扶好后，再继续拨球前进。

绳球打靶

1.参赛人数：10～20人。

2.比赛道具：

在墙上画三个同心圆，圆圈内分别写上5、3、1三个数字，圆圈越小，数字越大，距墙3米处画一投掷线。

3.竞赛方法：将竞赛者分成人数相等的两个队(也可组成多队)。竞赛时，比赛者站在投掷线后，将手拿的绳球轮转，对准前面墙上的圆圈投去，投中的数字即所获分数。每人可投三次，最后以得分最多的队为胜。

4.竞赛规则：不许过线，违者扣5分；打到外面的不得分。

击球进圈

1. 参赛人数：20~40人。

2. 比赛道具：在平整空场地上画三个半径分别为2米、4米和8米的同心圆，在半径为4米的圆上等距画4个半径为20厘米的小圆，4个小圆内分别放一个实心球，另备4个实心球。

3. 竞赛方法：将竞赛者分成人数相等的4组，分别面对各自的小圆成一路纵队站在8米圆外，每组排头持一个实心球。竞赛开始，各组排头持实心球向小圆内

的实心球投击，使其滚向半径2米的圆圈内，使之滚入圈内可得1分。排头投击后，迅速捡回球，并将一球放在本组小圆内，另一球交给排二，依次进行，最后得分多的组为胜。

4. 竞赛规则：实心球整体进圈方为有效；投击时不得越过8米圆圈线。

抛球击弹

1. 参赛人数：8~20人。

2. 比赛道具：在地上画一条投掷线，距线前8米的地方并排放4个手榴弹，相互间隔2米，垒球每人1个。

3. 竞赛方法：把竞赛者分成人数相等的4个队，面对手榴弹成纵队站在投掷线后，手拿小垒球。竞赛开始，各队第一人用垒球投掷自己前面的手榴弹，击倒者得1分，把手榴弹竖起，第二人接着投，如未击倒第二人接着投击，如此依次进行，在规定时间内，最后以得分多的

队为胜。

4.竞赛规则：要听口令进行投击和捡球(包)。击倒别人的手榴弹的不计分。

逐步前进

1.参赛人数：8~10人。

2.比赛道具：在场地上画一条起掷线，小竹竿2根，2公斤实心球1个。

3.竞赛方法：将竞赛者分成人数相等的甲、乙两队，各成一列横队排在比赛场地外面。竞赛开始，甲队第一人两手持实心球放于头后，

用上一或两步蹬地、挺胸、收腹和挥臂动作在起掷线后将球向前掷出，球落点处将乙队竹竿横放在地上做标志。

乙队第一人在竹竿后将球用同样的方法掷回去，球落点处将甲队竹竿放在地上做标志，然后依次用同样的方法进行。全体进行完毕，最后一人落点越过对方的起掷线的队胜。

4.竞赛规则：投掷时如脚踏线或越过投掷线，对方的竹竿应放在球的落点退回50厘米处；须用规定方法掷球。

抛实心球比赛

1.参赛人数：8~10人。

2.比赛道具：场地上画一条投掷线，线前8~12米处画一条得分线，实心球若干个。

3.竞赛方法：将竞赛者分成人数相等的两组，一组竞赛者每人间

隔2米站在投掷线后，每人一个实心球，另一组分散站在得分线前，准备捡球。

竞赛开始，持球一组双手持球，面向投掷方向，做一两次预摆，然后下蹲，接着两腿用力蹬地，两臂前上摆，迅速将球向前抛出，球过得分线者得1分，不过者不得分。两组交换，以累计得分多的组为胜。

4.竞赛规则：抛球时两脚不得踩线或越线；须用规定的前抛姿势抛球；球落到线上即可得分。

象行比赛

1.参赛人数：10人。

2.比赛道具：哨子、垫子。

3.竞赛方法：哨声响后，各队第一名走到起点线上，开始向前做

象行，即同侧的手和脚同时离垫，并且同时着垫，此时，身体稍向侧倾斜，离垫的脚要稍向外展再落垫，然后再提另一侧的手和脚。

如此继续前进，走到垫子远端后，跑步到标志处，然后走回。第二名接着做动作……动作比较正确的得一分。得分较多、秩序较好的一队为优胜。

4.竞赛规则：比赛过程中手脚必须同时离垫。

滚球

1.参赛人数：16人以上。

2.比赛道具：准备好排球或篮球4个。场上画一个圆圈(大小按人数而定)，圆圈中心画一个方形。

3.竞赛方法：竞赛者分成人数相等的四队，面对圆心，按身体高矮排成单行纵队，每队队长各拿一个排球。全体队员将左脚向左横跨一步，第一人拿球准备好。听到裁判的哨子一响，排首迅速将球从自己胯下滚到排尾。排尾人接到球后，立刻以逆时针方向快跑。

4.竞赛规则：跑时必须沿着圆圈外面跑，不得进圈或穿过队伍。奔跑时如超过别人，一定要在他外侧绕着跑过地跑过其他一二队后，即从圈外跑向自己一组的排首，并很快地又把球从胯下滚去。

如果球滚出队伍，须由排尾一人拿回重滚……依此类推。最后一人将球放在中间方格内。先跑完并将球先放好的一组获胜。

田径运动游戏指导

叫号跑

1.参赛人数：20~40人，将各小队排成四列体操横队，四人为一队，按前后次序1~4编号。

2.比赛道具：操场或比较大的室内场所。

3.竞赛方法：竞赛开始，主持人发令如喊"3号！"则各队的3号，绕本队跑一圈，看谁最快完成为胜。

4.竞赛规则

（1）用简单的心算题发令，如："5—2！"即为3号跑圈。

（2）先规定所做动作要求，再发令："侧身跑，4号！"也可用单足跳、双足跳、倒着跑、矮子跑等。

（3）明确被叫到号的人，向前加速跑，跑至对面拍一下墙壁再返回，看谁反应快。也可规定用高抬腿跑、跨步跑、途中转身三周跑，还可令"号背号跑"、"某号与某号合作'推小车'前进5米"等。大约活动15分钟，心率达到160次/分钟后，就告一段落。

托球赛跑

1.参赛人数：20人，分为两队。

2.比赛道具：乒乓球拍2个，小皮球2个。在场地上画2条相距15米的平行线为起跑线。

3.竞赛方法：将竞赛者分成人数相等的两队，各队又分为甲、乙两组，各组分别成纵队相对站在两条起跑线后。各队甲组排头，手持托有小皮球的乒乓球拍做好准备。

竞赛开始，组织者发令后，托球人迅速向对面跑去，将拍和球交给同队乙组排头，然后站到乙组队尾；乙组排头再托球跑向本队甲组，如此依次进行，每人跑一次，最后以先跑完的队为胜。

4.竞赛规则：应用球拍托球，如中途球离开球拍，必须原地将球托好，方可继续跑进。必须到达起跑线后，才能相互交接球。发令后和在线后将球托好时方可起跑，不得抢跑。

夹球接力赛

1.参赛人数：6～12人，分为两队。

2.比赛道具：1个空场地，6个足球（或排球）。在空场地上画两条相距15米的平行线为起点线和终点线。

3.竞赛方法：把竞赛者分成人数相等的两队，分两路纵队站在起点线后。排头双腋下各夹一球，两脚夹一球。竞赛开始，各对排头两

脚夹球用双脚跳的方式到达终点线。然后迅速返回，把球交给第二人，第二人按同样方法进行。依此类推，先做完的组为胜。

4.竞赛规则：中途掉球须捡回，在失误处重新开始。交换时不得抛扔，否则重做。

跳绳跑接力

1.参赛人数：6~12人，分为两队。

2.比赛道具：单人用跳绳2根，在场地上画两条相距10米的平行线，一条为起点线，另一条为折回线。

3.竞赛方法：组织者可将竞赛者分成人数相等的两队，各成纵队站在起点线后，面向折回线，各队排头手持跳绳，将绳放在身后做好准备。

竞赛开始，组织者发令后，各队排头跳绳跑向折回线，脚触线后立即跳绳跑回，将绳套在本队第二人身后，并将绳交给他，自己站到队尾；第二人用同样方法跳绳跑，如此依次进行，全队每人轮流1次，最后以全队先跑完的为胜。

4.竞赛规则：跳绳跑时，必须连续一摇一跳，不得空跑。到折回线时，必须脚踩折回线后方能返回。

地滚球接力赛

1.参赛人数：9~20人，分成3~4组。

2.比赛道具：选择一个排球场或根据人数的多少画一个长方形的场地，端线设有3~4个区域，底线放上3~4个实心球。把竞赛者分成人数相等的3~4组，各组以纵队站立在端线后，每组的排首两手各持一球（排球或篮球）。

3.竞赛方法：各组队员用双手各滚一个球前进，从端线滚到接近底线处绕过实心球后返回端线，交下一个队员后站立至排尾。接球的队员以同样的方法滚球。

4.竞赛规则：滚球者在没有返回端线时，第二人不能跑出端线迎球。竞赛者运球的双手不得离开球，必须摸着球边滚动前进，直到各队队员全部做完为止。

以先完成的一队为胜。

障碍赛跑

1.参赛人数：参赛人数不限，也可分两队来进行竞赛。

2.比赛道具：下列各种动作都可以作为障碍物：跳远几次；用高跷走路；端一杯水跑；穿过圆环或绳圈；在椅背上缚几个结；地上放十块小木板，一定要踏在这些小木板上跑过去；在一块小木板上放一个小皮球，要托着这个小皮球跑；一边跳绳一边跑等。

在起跑处画一条起跑线，终点处绷一根终点带或画一条终点线。

3.竞赛方法：起跑信号一响，个人立刻向前跑去。按照规定完成各项任务，再跑到终点，看谁跑得最快。

4.竞赛规则：

（1）发了起跑信号才能跑出起跑线。

（2）不可缩短跑程。

（3）个人一定要按照所规定的条件和任务进行，违反规定者每次罚一分。

踢踢跳跳过障碍

1.参赛人数：8~16人，分成两队。

2.比赛道具：在地上画两条线，作为起点和终点（相距约十五步）。将竞赛者分成甲、乙两队，分别站在起点线后。在终点线上各插一面小旗（或小树枝）。在起点线和终点线中各放一个毽子、一根单人跳绳。事先规定跳绳、踢毽子数目。在起点与终点甲、乙两线的相交点放一根长绳，由竞赛者两人在此挥动。

3、竞赛方法：竞赛开始时，两队竞赛者中的第一人从起点线出发，先跳绳，后踢毽子，然后绕过小旗回到交叉点处跳长绳，最后回到起点线。竞赛过程中，如一次完成所规定的跳绳数和踢毽子数时，可以接下去连续进行，直到符合规定为止。

4.竞赛规则：

各队的竞赛者须等本队的前一人回到终点后方可出发。哪队先完成哪队获胜。

抢地盘

1.参赛人数：参赛人数不限，分成两队，一队为攻队，一队为守队。

2.比赛道具：守队队员散布在山头，攻队队员在山下。准备小旗一面。

3.竞赛方法：竞赛开始时，攻队队长先安排好计划，分配战斗任务，并叫一名队员带一面小旗，设法插上山头的最高点。进攻令一发出，全队队员按计划执行任务。

这时守队队员设法追拍攻队队员，凡被拍中即为俘虏。小旗若被守队夺取，守队就取胜。如果攻队成功地插上小旗，则攻队为胜。两队互换角色，竞赛重新开始。

4.竞赛规则：攻队须在半小时内插上小旗，否则算输。

拉圈传棒

1.参赛人数：10~20人，分成两队。

2.比赛道具：接力棒。

3.竞赛方法：背对圆心，手拉手成一圆圈。主持人发给排头一根接力棒，夹在下巴颏和脖颈之间，发令后，依次按逆时针方向传递，不得松手。

4.竞赛规则：不慎掉棒必须趴倒在地，重新用规定的部位夹起，继续朝下传递，先完成三圈的队名次列前。

脚夹球跳接力赛

1. 参赛人数：10~12人。

2. 比赛道具：接力棒，软式排球。

3. 竞赛方法：把一个队平均分成A组和B组，两组相对站立，相距15米站成一路纵队，A组的第一人手拿接力棒，两脚夹一软式排球准备。

当听到信号后，以蛙跳方式跳向本队的B组的第一个人，同伴接棒后，采用同样方式跳向A组第二名队员，重复进行，以各队完成时间多少排定名次。

4. 竞赛规则：在跳的过程中，球若掉落，须在原地夹好后再继续跳进，否则判为失败。

运沙包投篮

1. 参赛人数：男、女各6人。

2. 比赛道具：沙包、纸篓。

3. 竞赛方法：各队成一路纵队站在起跑线后，排头两脚夹一沙包准备。比赛开始，采用双脚跳跃的动作出发，跳到15米远处时双脚夹着沙包起跳，将沙包投入纸篓跑回，依次进行，先完成的队为胜。

4. 竞赛规则：

（1）只能用双脚投篮。

（2）每投进一球，总时间减掉2秒。

行路难

1. 参赛人数：男、女各6人。

2. 比赛道具：体操棒。

3. 竞赛方法：各队分成两组相距15米准备，排头将一体操棒放在两脚脚面上。比赛开始，用后脚跟着地向前行进，到对面将体操棒交给第一人，依次进行，每人跑一次，先跑完的队为胜。

校园游戏类活动指导手册

4.竞赛规则：体操棒若中途掉下，须在原地拾起放好后再前进。

矮人跳绳接力

1.参赛人数：男、女各5人。

2.比赛道具：短绳。

3.竞赛方法：参赛队员成一路纵队站在起跑线后，比赛开始，第一人手持短绳采用蹲姿向前跳出绕过标志物跑回，将短绳交给第二人，依次进行，以先跑完的队为胜。

4、竞赛规则：必须以跳绳的动作绕过标志物，否则视为犯规。

夹球跑接力

1.参赛人数：10～16人。

2.比赛道具：塑料筐、乒乓球、筷子。

3.竞赛方法：参赛队员成一路纵队站在起跑线后，比赛开始，第一人跑向终点用筷子将一个乒乓球从筐内夹出并跑回起点放入筐内，将筷子交给第二人，依次进行，以先完成的队为胜。

4.竞赛规则：球掉地后须在原地将球夹起后再继续进行比赛。

移动火车

1.参赛人数：8～12人。

2.比赛道具：平坦场地。

3.竞赛方法：先选一人做裁判员，将参赛者分成两队。若参加人数多，可多分几队，或举行接力比赛。画终点线与起点线。

每队后面的人，双手扶在前面人的肩上，或者扶在腰上，扮成一列"火车"，队首两人叉腰，站在起点线的后面。裁判员一声令下，两"火车"便可由起点线出发，向终点线行进。

4.竞赛规则：在途中，个人不可将手放下，必须保持原来的姿势竞走。哪列"火车"竞走得最快，而又没有脱节或出轨的算优胜。

133

跳绳接力

1.参赛人数：10人以上。

2.比赛道具：跳绳。

3.竞赛方法：参赛队员成一路纵队站在起跑线后。比赛开始，第一人手持跳绳向前跳出，绕过标志物跑回，将跳绳交给第二人，依次进行，以先跑完的队为胜。

4.竞赛规则：

（1）只能跳绳跑，不得持绳跑。

（2）必须绕过标志物。

跳袋接力

1.参赛人数：10人以上。

2.比赛道具：跳袋。

3.竞赛方法：参赛队员成一路纵队站在起跳线后。比赛开始，第一人站在跳袋内，手提跳袋的带子向前跳出，绕过标志物返回并将跳袋交给第二人，依次进行，以先跳完的队为胜。

4.竞赛规则：

（1）必须绕过标志物。

（2）必须在起跑线后交接。

（3）队员若摔倒必须在原地起来，重新再跳。

网球托球跑接力

1. 参赛人数：男、女各5人。

2. 比赛道具：网球拍、网球。

3. 竞赛方法：队员成一路纵队站在起跑线后，第一人持网球拍托球准备。比赛开始，托球跑出，绕标志物返回后，交给第二人，依次进行。

4. 竞赛规则：以先完成的队为胜。

双人跳绳接力

1. 参赛人数：男、女各6人。

2. 比赛道具：跳绳。

3. 竞赛方法：每队两人一组并肩站立，共同手持一条绳准备。比赛开始，两人协同摇绳跑出，绕前方20米远处标志物返回，第二组出发，依次进行。

4. 竞赛规则：以先完成的队为胜。

木偶赛跑

1. 参赛人数：10人以上。

2. 比赛道具：4条1.2米长杆（带固定布条）。

3. 竞赛方法：比赛采用迎面接力形式，每队分两组，相距20米，两人一对，两人前后站立，用器械将两人同侧手臂和脚连接。听到发令后，两人配合向对面同组方向进发，和对面一对同伴击掌后，同伴向起点方向的同组方进发，如此往复进行。

4. 竞赛规则：哪队用时少为胜。

搬运竞赛

1. 参赛人数：10人以上。

2. 比赛道具：铅球、皮球、排球。

3. 竞赛方法：哨声响后，各队第一名从圈内取得铅球、皮球和排球,尽快向前奔跑。至第一个圈处,放下铅球,第二圈处放下皮球,第三圈处放下排球。然后跑回来,与本队中第二名击掌后站到队的右侧另成一行。

第二名跑出后,由最远的(第三个)圈开始,将用具依次取回来,放在大圈内,再与第三名击掌,站到原排头之后。

第三名仿第一名之动作进行……以此类推,先完成的一队为优胜。

4.竞赛规则:

(1)必须按照规定依次放置和取回用具。

(2)若用具滚出圈外,必须重放。

端水接力赛

1.参赛人数:6人,分为3组。

2.比赛道具:若干个透明的水杯。

3.竞赛方法:准备三个大小一样的杯子,装满水。在杯子的1/3处做上标记。六位竞赛者分为三组,每组两人。画两条相距10米的线。三组队员中每组一人站在起点线,每组一人站在终点线。

主持人发令后,起点线的三名队员端着水杯子跑至终点,交给站在终点线的三名队员。这三个队员端着这杯水接着跑到起点。

4.竞赛规则:水杯子里的水最多只能撒掉1/3,否则再快也算输。跑得最快的那组(水没有撒出要求的标准)即算赢。

共渡难关

1.参赛人数:10人。

2.比赛道具:若干绳子和接力棒。

3.竞赛方法:将竞赛者分成四队,两人一组,排列在起点线后。四个队的排头以2人一组并肩站立,发令后,2人以外侧手合摇绳子,内侧手合拿一根接力棒边跑边跳,跑到终点再返回起点线交给第二组，依此类推。以失落接力棒次数少，并按规定完成动作的组为胜。

4.竞赛规则：比赛中动作不到位者判输。

投弹之争

1.参赛人数：20～30人。

2.比赛道具：在空场地上画一条直线为投掷线，自投掷线向前15米起，每5米画一横线为一个区，共画五个区，由近而远，分别标明2、4、6、8、10的得分号码，手榴弹10枚。

3.竞赛方法：将竞赛者分成人数相等的甲乙两队，排列在助跑道两边，各队前五人手持手榴弹做好准备，两队各派一人站在落弹区外做记录员。竞赛开始，甲队前五人按顺序依次助跑向前投掷，每弹落

地后记录员即大声报告落弹区得分，五人均投完后统一拾弹，并跑步归队，将手榴弹交给本队下五位队员后，排至队尾。

当甲队队员拾弹离区后，乙队前五人即跑向前投弹，方法同前。各队交叉依次进行，每人均投一次后计算累积分，以积分多的队为胜。

4.竞赛规则：须用助跑投掷，其他同手榴弹投掷规则；投出最远区而有效者得20分。

掷远比赛

1.参赛人数：6~8人。

2.比赛道具：准备2公斤重量的沙包。

3.竞赛方法：开始后，竞赛者持沙包，两手经头放于头后，两脚左右开立，用收腹和甩臂的力量将沙包掷出，沙包落入10~11米之间的空内得1分，11~12米之间的空内得2分，以此类推。

计全组总得分数，多者为胜。

4.竞赛规则：必须用规定的动作；不准越过投掷线，投掷前后越线均为犯规。

投球比远

1.参赛人数：8~10人。

2.比赛道具：铅球或实心球若干个。

3.竞赛方法：每人按指定投掷方向、规定的投掷方法进行掷远(如规定原地掷、原地正面或侧面推、垫步掷、跳起掷等)，投掷最远者为胜。

4.竞赛规则：按规定方法进行，违者为失败。

跳四方橡皮筋

1.参赛人数：10~20人。

2.比赛道具：在平整空场地上成正方形竖立4根木柱，柱间拉适当高度的橡皮筋4根。

3.竞赛方法：将竞赛者分成人数相等的两队，各成纵队对角排列在一根木柱边。比赛开始，发令后，各组第一人开始沿着四边的橡皮筋(单、双脚)从外向内跳，然后由内向外跳出，每人跳过四边后，回本队拍第二人的手，第二人也按上述方法继续进行，各组全部完成后，以速度快的队为胜。

4.竞赛规则：跳越橡皮筋时，脚不准碰到橡皮筋，如碰到则应从头做起；跳越前可稍加助跑；可超越对方，超越时不得相互影响。

穿梭传球比赛

1.参赛人数：10~20人。

2.比赛道具：备球两个。

3.竞赛方法：竞赛者分两队，各队再分为人数相等的两小队。每队的两小队各排成一路纵队，相隔5～7米面对面站立。两队队长各拿一个球，站在一个小队前面做排首。

裁判员下令后，队长马上把球抛给站在对面的本队中一小队的排首，并且跑到这一小队的排尾站好。对面的一人接了球，急忙把球再抛回来，抛给本队第二小队的排首，自己也就到对面的小队后面站好……如此类推，直到球重新回到队长的手里时为止。

4.竞赛规则：哪一队队长先接到球，哪一队就获胜。

向圆心传球

1.参赛人数：20～40人。

2.比赛道具：篮球若干个。

3.竞赛方法：竞赛者分成若干小组，分别站成圆圈，每人相隔一臂的长度，在站成圆圈的人的脚尖前面地上画线。拿着球的队长分别走进每个圆圈中央所画的小圆圈内。

裁判员下令后，队长开始轮流掷球给本圈的人，并接回掷回来的球。若在圆圈上的人接不到球，则把球拾起抛回队长，队长重抛一次。接到最后一个掷回的球后，队长立即举起手来。

最先举手的一队得胜。

4.竞赛规则：掷球时，队长不能越出自己的圆圈，而站在各个圆圈上的竞赛者也不得越出自己的界线。

交叉传球比赛

1.参赛人数：竞赛者10人以上，分成人数相等的甲、乙两队。

2.比赛道具：准备球4个。

3.竞赛方法：甲队与乙队的队员一个隔一个地站成一个大圆圈，面向圆心。两对面对面的两人各拿一球。

按裁判员口令顺同一个方向传球,每队都传给本队的人。先把球传到开始人手里、又不使球落地的一队为胜。

4.竞赛规则：球落地的队判输。

提防抢球的人

1.参赛人数：10~20人。

2.比赛道具：准备篮球1个。

3.竞赛方法：竞赛者站成一个圆圈,圆圈当中有一个抢球人。站在圆周上的人用各种方法将篮球传来传去,尽量不使抢球人抢到;球在手中不得超出3秒,传球的方法不拘;传球人为了分散抢球人的注意力,也可以做各种假动作。

站在圆周上的人和抢球人都可以抢飞出圈外的球。如果球被抢球人碰到,那么当时的持球人或掷球人就和抢球人互换位置。

4.竞赛规则：竞赛者必须循圆周向左或向右跑步或走步移动。

水上和体操游戏指导

水上游戏

1.参赛人数：10~16人，分成两队。

2.比赛道具：找一处水深适宜处，或游泳池做赛场。

3.竞赛方法：将参赛者分成两队，队员间实力要均等；准备球一个。

裁判员把一个球抛在两队之间。双方队员努力抢球，抢到球的一队（得一分）就把球在自己人中间互相投递，另一队的人设法去抢球，抢到了球也得一分。

4.竞赛规则：

（1）不许从别人手中抢球。

（2）不能令别人没入水中或拉住对方身体的任何一部分不放。

体操游戏

1.参赛人数：6~12人。

2.比赛道具：收录机，音乐带。

3.竞赛方法：选择若干节奏明快、健美、欢乐的音乐，配上体操口令，只连续重复喊节拍，灌好录音。

做操的时候，培训主持人用收录机播音领操，但每节操不报名称，也不呼起止，只是让队员先看一遍主持人的示范，接着马上就得跟节拍照做，不得犹豫或反方向，一旦错了必须立即自觉纠正。

主持人领做各节动作基本上仍遵循编操规律，但花样繁多，变化莫测，每节究竟做几个八拍也是灵活决定的，时常故意颠来倒去，甚至做单侧的、行进间的、坐地的，达到目的便关机结束。

该竞赛生动活泼，能有效地提高队员的大脑皮层神经细胞的兴奋性，增加欢乐的气氛，高度集中注意力。

完成后，可议论一下心得体会，如何才能适应变化多端的任务。

4.竞赛规则：连续三套体操跟不上节拍者，自动退出。

趣味运动游戏指导

信任背摔

1.参赛人数：10人以上，分为两队。

2.比赛道具：

（1）背摔台一个，约150厘米高。

（2）捆手布2~3条，约60厘米长。

（3）体操垫一块。

3.竞赛方法：小组队员为15人时，约需70分钟。

（1）集合队员，介绍项目名称和活动要求。

（2）说明活动要求队员轮流站于高台上双手握于胸前，直立背向台下倒下，台下由全体队员保护其安全。

（3）挑选10~12名下方保护人员，摆成保护姿势。要求一对一地面对面排列，双臂向前平举，掌心向上，伸到对面队员胸前，形成人的手臂垫。说明：腿要成弓箭步，队员倒下去注意手臂用力，抬头看着倒下的队员。

将倒下队员接住后，用"放腿抬肩法"将队员平稳放下。开始之前，主持人应先用身体下压队员手臂，让队员感受到重量并表现出足够的托力。

（4）说明上下口令呼应为：

①台上队员大声问下面："准备好了没有？"

②台下队员齐声回答："准备好了！"

③台上队员听到回应后，大声喊："一、二、三！"

④台上队员直挺身体向后倒下。

（5）主持人站在台上，用捆手布将队员的手捆住后，用手抓住捆手布，从捆上布条至喊完口号前主持人必须用手握住布条，以防队员突然倒下。

主持人站在队员身侧，提醒下面队员注意后，可以开始让所有队员顺序完成该项目。

4.竞赛规则：

（1）要求全体队员摘去手表、胸针、发卡、眼镜、呼机等可能造成伤害的物品。

（2）第一位背摔者可由队员自报，但要确定一位体重较轻的人进行第一次背摔，体重大的人应放在中间做，并可适当增加保护人数。

（3）有心脏病、脑血管病、高血压及严重腰伤者不能参加。

（4）背摔台的四脚应稳固结实。

（5）要注意台面木板是否结实。

（6）防止台上队员倒下时将主持人同时拉下。

（7）主持人在台上后移时注意防止摔下。

（8）主持人要检查背摔者身上是否有硬物等危险物品。

（9）未经上下口令呼应时不得操作。

（10）下方保护队员接住上方队员后不得将其抛起。

（11）禁止将接住的队员顺势平放在地上。

飞镖

1.参赛人数：人数不限。

2.比赛道具：飞镖。

3.竞赛方法：要根据镖体上的厚薄方向投掷：如果左厚右薄，应以顺时针方向抛出；若右厚左薄，则应逆时针方向抛出。握飞镖方法为：手抓住飞镖的翼端，镖体放平，不要倾斜。投飞镖时，应利用手臂甩动后带动手腕投出，肩、肘、腕部均要放松。

飞镖投出后，会飞出圆弧形的轨迹。如果用力得当，可以飞回投掷处，投镖者可以用手接住。飞镖可以单人玩，也可以多人玩。

多人玩法有二种：一种是投镖人不接镖，接镖人不投镖；另一种是先在飞镖上涂上各种颜色，投出自己的镖后，去接别人投出的镖，别人也投出他们的镖，让规定好的其他人接。

4.竞赛规则：飞镖比赛项目可分单人赛和团体赛两种。

单人赛得分指标有二种：

（1）飞镖出手后在空中的运动时间长短。时间越长，得的分值越高。

（2）飞镖能否准确无误地回到投镖者手中。以能收回者为胜。

团体赛可以这样进行：每组规定若干人员参赛，每个参赛者编上颜色，这表示他该接这种颜色的飞镖。接对的加正分，接不到的为零分，接错颜色的加负分。

比赛按组轮流进行。一组比赛下来,裁判员统计得分,并记录在案。然后其他组开始比赛。比赛结束后,按各组成绩列出名次。

飞碟

1.参赛人数:人数不限。

2.比赛道具:飞碟。

3.竞赛方法:为使飞碟飞得远、飞得稳,必须把碟口朝下,水平放置,用大拇指抵住碟底,其他四指托住碟口内壁,身体扭转成一定角度,利用腰部、手臂和手腕的力量,将飞碟抛出。

为稳当地接住飞碟,应看清飞碟飞来的位置,手臂伸上去抓住飞碟的边缘,抓住后手臂仍应顺势收回。接飞碟的时间要掌握好,不能太早或太晚。

飞碟一般可以双人玩和多人玩。

双人玩法有两种:

(1)两人合用1个飞碟,各自隔开一定距离,甲投乙接,再乙投甲接。

(2)甲乙两人各自手持1个飞碟,同时投向对方,让对方接住,同时也要接住对方投来的飞碟。

多人玩法也有两种:

(1)合用1个飞碟。游玩者散开,在一定范围内,当飞碟接近其中一个人时,这个人就必须接住它。

(2)当投碟人投出时,喊出一个人的名字,这个人就要根据飞碟飞行的方向,疾跑到预计到达的地方去接飞碟,再接着抛给其他人。

4.竞赛规则:飞碟比赛可分双人赛和团体赛。以在规定的时间内接住飞碟的多少排名次。

魔靶

1.参赛人数:人数不限。

2.比赛道具：准备好枪和子弹、掷镖、魔球和靶板。

3.竞赛方法：魔靶是一种投掷性质的竞赛，其动作要领与投镖等相似。

4.竞赛规则：

（1）计分法：让参赛者站在离靶板若干米以外的规定地点，给相同数量的子弹、投镖或魔球，让他们轮番射击、投掷，记下每人的总分数，以累计总分最高者为胜。

（2）计时计分法：除了和计分法基本相同外，另外增加一项规定时间。若超过规定时间没有用完子弹、镖、球的，均作弃权论处。

陀螺

1.参赛人数：人数不限。

2.比赛道具：组织者准备好陀螺、细绳各若干。

3.竞赛方法：

（1）旋转陀螺可以用手搓，也可以用细绳裹住甩。但不管用什么方法，动作都要敏捷、平稳、有力。

（2）抽打陀螺时，应该让细绳的前端抽打在陀螺的中间偏上一点。若抽得不准，反而会破坏陀螺原先的转动。

4.竞赛规则：

（1）计时法。让参赛者各自手持陀螺1个、细绳1根。裁判宣布开始后，每位参赛者必须立即转动陀螺，并及时不断地抽打。

如果超过2秒后，参赛者仍手持陀螺，应判为输。若发现陀螺已停止转动的，也应判为失败。让陀螺转动的时间越长者，成绩越佳。

（2）移动位置法。组织者在比赛场地上事先用白粉画2个大圆圈，直径为2米左右，圆圈间隔4~5米。比赛开始时，参赛者均站在一个圆圈里。

当裁判下令比赛开始，参赛者开始抽打陀螺。陀螺必须在保持不停地转动的同时，还要往另一个圈移动。等陀螺进入另一个圈后，再返回原来的圆圈。以规定时间内往返次数最多者获胜。

龙的传人

1. 参赛人数：20~40人。
2. 比赛道具：郊外草地。
3. 竞赛方法：二个小队排成二路纵队，从队尾开始，一人仰面挺直身体倒下，纵队的人蹲下用双手将其托起，接着朝前移动，直至排头慢慢落下。大家依次都体验二次当龙和当珠被传递搬运的滋味。然后畅谈体会。
4. 竞赛规则：先完成者为赢。

过湿地

1. 参赛人数：12人，分成两队。
2. 比赛道具：高跷，长、短绳。
3. 竞赛方法：发给各队一副高跷，1根25米长的绳、2根短跳绳、2根长跳绳。要求全体队员通过一块长30米宽2米的"湿地"。
4. 竞赛规则：脚碰着湿地者，判输。

勇气号登陆车

1. 参赛人数：12~36人，4人一组。
2. 比赛道具：绿茵场或郊外草地。
3. 竞赛方法：每组4人，按东南西北方向成小正方形图案的俯卧，并依次将自己的双脚背搭挂在下一人的后背上，组成一个无脚着地、仅有四双手撑地的"登陆车"。

现在要求各小队派四人上场,不准用任何东西,只利用四人的身体,做成一辆勇气号登陆车,只能以手触地,其他部分不得碰地,成功之后还须做到:

(1)牢固,并坚持得时间久。

(2)四人一起喊"一,二,一,二,一……"做俯卧撑,看哪组做得多。

(3)比赛"登陆车"移行的距离,看哪组成绩好。

(4)比创想内容多。如:比原地转圈多,月球车搬运小折垫等。

4.竞赛规则:胸腹部不得触地。

盲人方阵

1.参赛人数:20人左右。

2.比赛道具:30个眼罩,25米长的绳子1根。

3.竞赛方法:在队员蒙上眼睛后,让每位队员原地转三圈,再向前走5步。然后教师将一捆缠绕在一起的绳子交给队中的一位队员,要求团队在30分钟之内利用这捆绳子组成一个最大的正方形;队中所有成员相对均匀地分布在四条边上。

4.竞赛规则:在项目没有完成之前不许解开眼罩。

卧式传递

1.参赛人数:10人以上。

2.比赛道具:一块平整的场地,3块长形垫子。

3.竞赛方法:把小组分成两排,背对背站好,然后平躺在垫子上,双手向上举起,两手之间要有一定的距离,所有队员要肩挨肩,并且肩膀要在一条直线上。

一个队员身体绷直,由教师保护平躺在队员的手上,躺在垫子上的队员要用自己的双手把上面的队员从队伍的一侧平托举到队伍的另一侧放下,然后再从下一个队员开始,直到所有的队员都被托举一遍为止。

4.竞赛规则：大家必须集中精力和紧张身体；被传递的人到末端时一定要有人接应；传递过程中有一人失误即判输。

坐地起身

1.参赛人数：10~20人。

2.比赛道具：一块平整的场地。

3.竞赛方法：

（1）首先要求队员4个人一组，围成一圈，背对背地坐在地上（坐的意思是臀部贴地）。

（2）一般来说，一个坐在地上的人，手不把扶其他物体是很难站起来的。

（3）4人手"桥"手，然后要他们一同站起来。很容易吧？那么再试试人多一点如6~7个人，应该还不是太难。最后再试试十四五人一同站起来，那难度就会较高了。

4.竞赛规则：手不可撑地。

断桥

1.参赛人数：10人以上。

2.比赛道具：A、B两块木板架在8米高空，其间相距1.2米至1.9米。注意，这个间距可调。

3.竞赛方法：小组每位成员依次自A木板跨越至B木板并返回。

4.竞赛规则：没返回者判输。

电网

1.参赛人数：10人以上。

2.比赛道具：一块平整的场地。

3.竞赛方法：小组全体成员，在规定时间内，穿越面前的一张大网，在此过程中，全体队员身体的任何部位及衣服不得触网，每个网

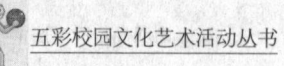

眼只能被使用一次。

4.竞赛规则：触网者判输。

有轨电车

1.参赛人数：10人以上。

2.比赛道具：两块木板及绳索。

3.竞赛方法：全组队员双脚分别站在两块木板上，双手抓住系于木板上的绳子，向指定方向行进。

4.竞赛规则：脱离木板者判输。

谁是胜利者

1.参赛人数：6人以上。

2.比赛道具：与参加人数相等的坐垫和结绳。

3.竞赛方法：

（1）6个人围成圆圈，坐在坐垫上。

（2）各自捉住自己的一端，主持人发信号后即可开始拔河，但必须坐好。

4.竞赛规则：脱离坐垫或放开绳子的人就淘汰，最后留下来的人得胜。

齐心协力

1.参赛人数：8人。

2.比赛道具：平坦场地。

3.竞赛方法：

参赛队员成一路纵队，前面队员抱住后面的队员右腿，后面队员左手搭在前面队员的肩上，比赛开始。队员们单脚向前跳跃前进，以排尾跳过终点线为比赛结束，时间少者为胜。

4.竞赛规则：

队伍从哪儿断开必须从哪儿接好，不得提前跳。

二人三足跑

1.参赛人数：10~20人，分成若干组。

2.比赛道具：绳带。

3.竞赛方法：

参赛者并排站在起跑线后，用绳子将二人的内侧腿捆好。比赛开始，二人向前跑出，以先到达终点者为胜。

4.竞赛规则：

必须向前走跑，不得跳跃。

划船比赛

1.参赛人数：2人。

2.比赛道具：平坦场地。

3.竞赛方法：

两人面对面互相坐在对方伸出的脚面上，并抓住对方的手臂，形成小船状，排在起点线外。比赛开始，各个"小船"在前后摆动时，交换移动两人的双脚，使"小船"向前行进，以先到达终点的队为胜。

4.竞赛规则：

（1）小船从何处散开，必须重新组好再开始。

（2）组成"小船"的两个人的臀部不得离开对方的双脚脚面。

骑车竞赛

1.参赛人数：男、女各6人。

2.比赛道具：平坦场地。

3.竞赛方法：参赛队员三人为一组，前面两人并肩站立，外侧手叉腰，内侧手相牵，后面一人将双手分别放在前面队员肩上，一腿抬起放在前面队员手上，三人呈车状。比赛开始，三人协同跑出，绕标志返回，以接力形式进行。

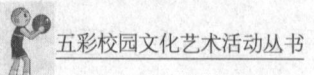

4.竞赛规则：完成好且用时少的队为胜。

喊号扶棒

1.参赛人数：10~15人。

2.比赛道具：体操棒1根，在场地上画一个半径为4米的圈。

3.竞赛方法：竞赛者面对圆心站在圆圈上，从排头依次报数，每人记住自己的号，选出一人站在圆心扶住体操棒使其竖立。竞赛开始，扶棒人呼出一个竞赛者的号数后，马上松开扶棒的手，被呼号的人应立即跑去扶棒，原扶棒人迅速站到被呼号人的位置上。

二人位置交换后，被呼号人变成了扶棒人，竞赛继续进行。每次轮换中没扶住棒的竞赛者为失败；对方扶住了棒，原扶棒人没有及时站到被呼号人的位置上，也为失败，应继续扶棒。

4.竞赛规则：扶棒人离棒时应把手轻轻放开，不得故意推、拉棒；所呼的号数必须是本队的号数。

抢凳子

1.参赛人数：10人以上。

2.比赛道具：4把凳子、录音机。

3.竞赛方法：用4把凳子围成一个圆圈，5位竞赛者站在凳子周围，开始放音乐，5人绕凳子走。音乐一停，5个人抢凳子坐，有4个人坐下，剩下没坐上凳子的那个人就被淘汰退出。

再去掉1把凳子，就只剩下3把凳子了，4个人又听音乐，音乐一停，3个人坐下，剩下的那个又被淘汰退出……最后剩下1把凳子两个人抢。

4.竞赛规则：最后坐上凳子的那位竞赛者就是冠军。

连续追拍

1.参赛人数：10人以上。

2.比赛道具：平坦场地。

3.竞赛方法：竞赛者成一列横队站好，报数后每人记住自己的号码。竞赛开始，大家分散在圆圈内，去追拍比自己小一号的队员，1号队员去追拍最后一个号数的队员，大家形成一个循环圈，互相追拍，每人既要去追拍别人又要防止被别人追拍。

被追拍着的队员应自动退出圆圈。当自己追拍的人退出比赛后，应继续追拍更小一号的队员，直至剩下最后两人时为优胜者。

4.竞赛规则：连续拍两下为追拍成功，不得用力打、推对方；必须按要求的追拍方法竞赛。

听数追拍

1.参赛人数：10人以上。

2.比赛道具：平坦场地。

3.竞赛方法：甲、乙两名队员沿着圆圈向同一方向慢跑，思想高度集中。当队员听到组织者发出"1"的口令，乙队员立即向前奔跑，甲队员在后追抓乙队员；组织者发出"2"，甲队员迅速转身沿圆圈奔跑，乙队员转身追抓甲队员；当组织者发出"3"时，甲乙两队员变为沿圆圈慢跑,两名队员保持一定距离以被抓到次数多少为胜。

4.竞赛规则:必须在圆圈上追抓,偏离圆圈1米即算被抓到一次;触到身体任何部位即算抓到。

抓笑

1.参赛人数:10人以上。

2.比赛道具:平坦场地。

3.竞赛方法:竞赛者面对面坐或站成两排。竞赛开始,其中一排中的第一人,开始哈哈大笑2秒,然后用手往脸上将"笑"一抓,并立即板起面孔,再将"笑"抛往对面竞赛者的脸上。

接到"笑"的竞赛者须马上哈哈大笑,2秒后再将"笑"抓起抛给对面第二人……照此方法,依次将"笑"传到排尾。

4.竞赛规则:没有接到"笑"与已经将"笑"传走的人笑了就要受罚,没有将"笑"抓住,也就是没有立即板起面孔与接住"笑"没有立即笑的人也要受罚。

巧过鬼谷

1.参赛人数:10人以上。

2.比赛道具:蒙眼用的毛巾2条。

3.竞赛方法:先指派两人为"鬼谷",面对而坐,蒙住眼睛。两人之间距离为同时双臂前伸、指尖碰不到为宜。两人将手放在腿上端坐,其余的人悄悄通过两人之间的"鬼谷"。由于"鬼谷"两人被蒙着眼,只能凭直觉来伸手抓人,被抓住者则与"鬼谷"轮换。

4.竞赛规则:比赛过程中不能说话和做暗示性动作。

安全岛

1.参赛人数:10人以上。

2.比赛道具:塑料带、粉笔。

3.竞赛方法:将竞赛者分成人数相等的甲、乙两大组和若干个两个人的小组。先指定甲组为追捕手,追捕手只能追同小组的乙队员,触及其他小组的乙队员无效。乙组队员在追捕过程中可以相互掩护,可用安全区轮流休息。追捕手触及对手时得1分。在规定的时间内,得分多的一组为胜。

4.竞赛规则:不得推拉或脚绊,违者扣分。每次竞赛以一分钟为宜,根据竞赛对象和竞赛效果也可以适当延长竞赛时间。

炸死你

1.参赛人数:10人以上。

2.比赛道具:若干个气球和一些细线。

3.竞赛方法:5人一起竞赛,每个人右脚脖上拴一个圆形小气球,吹鼓了的气球大小、拴线部位及线长均一致。

竞赛中要保护自己的气球不被别人踩破,还要设法踩破他人脚上的气球。谁的气球被踩破,即算被炸,退出竞赛。竞赛者在跑动时,气球不时地从地面弹起,增加了竞赛的难度。

4.竞赛规则:踩破别人气球多者为胜。

攻地堡

1.参赛人数:10人以上。

2.比赛道具:排球2个;在场地上画3个直径分别为1米、8米、12米的同心圆。

3.竞赛方法:组织者可将竞赛者分成人数相等的两队,一队为进攻队,一队为防守队,守队选一名队员站在小圆和中圆之间防守。攻守队员站在大圆圈外,持球准备进攻。

竞赛开始,组织者发令后,攻队寻找机会设法将球攻入小圆圈内地面,守队尽量防止球攻中。攻队用球击中小圆地面,算得1分。当规定的时间已到,攻守互换,最后得分多的队为胜。

4.竞赛规则:防守队员可以用手或脚阻止球落在小圆内,但不得踩线或用身体任何部位触及小圆内地面。防守队员,可以组成人墙,阻止持球人投球,但不能出大圆或进入中圆。

攻队队员之间,可以相互传球以捕捉战机,并可采用跳起投球或两球同时投击的方法得分,但不得进入大圆。不得故意用球投击防守队员。

画面具

1.参赛人数:20人以上。

2.比赛道具:空白纸面具数个,粗笔数支,蒙眼用的布。

3.竞赛方法:将参加竞赛的人分成三组,每组5人左右排成直行。其中一个戴上面具,另一人负责做描述者。由主持人发指示,如要他们首先在面具上画上左眼,那么每组的第一个人便要蒙上眼,由描述者指示他们去在面具上画上左眼。

待大家都完成后再由主持人发下一个指示(如画上右眼)由每组第二个人去画,依此类推。直到面具都画好。

4.竞赛规则:哪一组的面具画得最漂亮便胜出。画得最丑的要被罚。

逢"3"击掌

1.参赛人数:10人以上。

2.比赛道具:根据竞赛者人数的多少在场地上画一个大圈圈。

3.竞赛方法:组织者可将竞赛者分成人数相等的若干队,各队之间头尾相接,围绕圆圈面向圆心站好。竞赛开始,组织者发令后,由第1队排头开始,按逆时针方向1~30依次报数。

在报数过程中凡遇到"3"时不发出声音,而用击掌代替报数,如"3"、"13"、"23"等。如发生错误,算失误一次,由失误竞赛者从1开始,重新报数,竞赛继续进行。最后累计失误人数,以失误少的队为胜。

4.竞赛规则：报数时，必须声音洪亮、清晰，如发音停顿、不清者均为失误。要按照顺序，依次报数，不得抢报。如果顺利报数到"40"，不再继续从"1"开始报数。

与时间赛跑

1.参赛人数：12人以上。

2.比赛道具：12米长的绳子一根。画一个直径为10米的圆圈，圆圈上分别按相同的距离画12个直径50厘米的小圆圈，在圆圈内按钟表的样子写上12个数码（1~12），为钟表。

3.竞赛方法：将竞赛者分成若干队，每队14人，其中12人分站在小圈内，余下2人，一人在大圈中心用脚踩住长绳的一端，另一人在圆外，扯住绳子的另一端（绳拉直）。

竞赛开始，圈外扯绳者从12点开始按顺时针方向尽量贴近地面做矮子跑，各小圆的人，当绳子经过自己的脚下时，必须快速跳起，同时报出自己的时间，持绳2人跑完一周后，将绳子交给1点钟和两点钟的人，相互交换角色练习。

依此类推，直至12点钟的人做完，再交给第二队进行竞赛。组织者用秒表计时，哪个队用时间最短为胜。

4.竞赛规则：报时间的人，脚触绳子为犯规，应退回重跳（即犯规者重跳）；脚落地不能踏圆线和线外地面，声音要清楚、洪亮。

四条腿

1.参赛人数：10人以上。

2.比赛道具：若干条布带。

3.竞赛方法：画出两条相距10米的线，作为起点与终点。6名竞赛者每组3个人，把第1人的右腿与中间那个人的左腿捆在一起，把中间那个人的右腿与第3人的左腿捆住，3个人只有4条"腿"。

两组在起点线排好，待主持人号令一发，则向终点行进。人们从小就习惯于"左右左"地行进。

"四条腿"竞赛中间那个人,必须是"右左右"地行走,才能与两旁的人合拍;3个人必须快慢一致,和谐地前进,否则必定会绊倒在地。这是从行走习惯上违背常规来设计的。

4.竞赛规则:哪个组最先跑到终点则为胜者。

对数

1.参赛人数:10人以上。

2.比赛道具:无。

3.竞赛方法:竞赛由队长开始。例如:队长说:"1对4",并喊出预出击的号码,如"4对6",以此类推,直到有人出错为止。

4.竞赛规则:被叫号而没有反应为出错;未被叫号抢答为错;出错的人要马上退出竞赛;喊出不存在的号码或退出比赛的号码均为错。

盲人敲锣

1.参赛人数:10人以上。

2.比赛道具:铜锣。

3.竞赛方法:正方形场地,四角分别为A、B、C、D点(按顺时针方向排列),D点架一铜锣。竞赛者手持锣棒站在A点,看准锣,量好步子,蒙上双眼,走过B点、C点、D点举棒击锣。敲响锣者获胜。

4.竞赛规则：比赛过程中不能拿下眼罩。

吹气排球赛

1.参赛人数：10人以上。

2.比赛道具：1.5～1.8米的橡皮筋，气球1个。

3.竞赛方法：每队5人，分成两队，分别站在两个半场。竞赛开始，组织者将球抛向进攻一方，该方协力将气球吹到对方场地，气球吹到对方场地后，对方再协力将气球吹回。气球落在对方场地上，则由本方得1分，先得5分为一局，然后双方交换场地再进行。可采用三局两胜制。

4.竞赛规则：

（1）吹气球次数不限，但不得用手或身体其他部位碰击气球。

（2）气球从皮筋下飞过或从场外绕过，均由对方得1分。

传话准不准

1.参赛人数：10人以上。

2.比赛道具：若干张空白纸。

3.竞赛方法：准备纸条、笔。将参加竞赛的人分为两组，每组均坐成一排（或站成一排）。每组第一人领取一纸条，纸条上写的字都是一样的，如："男明年准备买辆经济型轿车，女的发型很漂亮，男女的衣服颜色是一样的。"

每组第一人将此话记住，然后收起字条，竞赛开始，由每组第一人将字条上的字用耳语小声传给下一个人；再由下一个人依次往下传。

各组传完，请最后一人大声将传来的话报告第一人，第一人打开纸条，核对最后一人报告的话。传话时，只许交头接耳不许大声喊话，以不让第三者听到为准。最后一人要如实地将上一个人传来的话报告出来。

4.竞赛规则：若一字不差为赢，有出入者为输。由于传的话很容易出错，错上加错，传到最后，可能跟原来的纸条上的字有很大出入，最后一个人宣读后会引起哄堂大笑。

背向拔河赛

1.参赛人数：10人以上。

2.比赛道具：赛绳，标识物。

3.竞赛方法：拔河比赛两队都是面对面站立、使劲。现在来一个反着做，两队人员背对背站立、使劲，在两队最顶端那个人面前各放一枚"珍珠"（用皮球或沙包代替）。

发令后，双方都使劲往自己方向拔河，哪队最顶端的那个队员首先抢到"珍珠"，这个队为胜利。正常的拔河赛都是仰着身子屁股朝后下蹲，现在是猫腰弓身，向前方使劲。

4.竞赛规则：比赛过程中不能倒压。

拍七令

1.参赛人数：10人以上。

2.比赛道具：无。

3.竞赛方法：让10位竞赛者从1～99轮流报数，但有人数到含有"7"的数字或"7"的倍数时，不许报数，要说一声"过"，下一个人继续报数。

4.竞赛规则：如果有人报错数或没说"过"则被罚。

纸圈套物

1.参赛人数：10人。

2.比赛道具：若干纸做的圈。

3.竞赛方法：用纸条（稍硬些的纸）或纸板（不要太厚）做成套圈儿，将一些小奖品（比如喜糖、包着小额纸币的红包等）摆在地上的圆圈中。参加竞赛者站在圈之外，每人发三个纸圈儿。参赛者投掷纸圈儿套奖品。纸圈轻飘，很有趣味。

4.竞赛规则：以套中奖品为胜，奖品送给套中者。

叫号换位

1.参赛人数：20人。

2.比赛道具：篮球1个。

3.竞赛方法：15人一组从头至尾报数，每人记住自己的号数（1~15），另一人持球站在圆圈内。竞赛开始，圆圈上人开始跑动（逆顺时针交替进行），为了增加难度和兴趣，可做后退跑、侧身跑、交叉步跑、高抬腿跑等。

跑动中持球人突然喊一个号（如"6号接球"）并向上抛球，6号的人立即进圈接球，原持球者跑到接球人的位置并代替其号数随队伍跑动。

4.竞赛规则：

（1）持球者喊号的同时将球垂直向上抛起，抛球高度必须2米以上。

（2）喊号必须清楚、洪亮。

（3）被叫到号者在球落地前未接住球，或其他人误听进圈均为失误。罚表演节目，然后再回圈继续竞赛。

还原队形

1.参赛人数：10人。

2.比赛道具：平坦场地。

3.竞赛方法：分两队，各排成一列横队，两队面对面站立。大家紧紧地并肩站立，两臂侧举，两手和左右的人交搭在一起，形成了两道"篱笆"。各人记住自己的位置和左右邻居是谁。

裁判员先叫大家练习几次，然后叫各队向右转90度各成一路纵队，跟着排首在音乐伴奏中进行。各队进行的方向不拘，在场界里可自由进行，但必须离开原来的位置。

裁判员发了个信号，大家立即跑到自己原来的位置上，迅速排好原来的队形。哪一队排得最好最快，哪一队就获胜，然后裁判员再叫大家转个身，成一路纵队任意行进。

4.竞赛规则：不能排好原来的队形者判输。

通过深渊

1.参赛人数：10人。

2.比赛道具：望远镜。

3.竞赛方法：在地上画一条长5~10米的直线（曲线或螺旋形的线也可以）。

竞赛者拿着望远镜站在线的一头，举起望远镜向下面看，同时沿着这根线走过去，一直走到线的尽头，两只脚要用这种方法移动：前面一只脚的脚跟要和后面一只脚的脚尖碰到，脚掌不能踏在线的旁边。

谁能完成这个任务谁就是胜利者。

不画线也可以做这个竞赛，叫竞赛者带着望远镜，在轨道上，长的横木上或牢固的板条上走。

4.竞赛规则：不按规则行进者判输。

拿回自己的帽子

1.参赛人数：10人以上。

2.比赛道具：帽子、凳子、树桩。

3.竞赛方法：每个人把头上的帽子放在凳子上或树桩上。然后依次跳过去，谁的帽子放在最上面，谁就最先跳。在腾越时，要小心地拿住自己的帽子，不能使帽堆倒塌。

如果第一人没有拿到自己的帽子，取下后换第二顶帽子，也就是他自己的帽子。取到帽子的人可以不跳，没有取到帽子的人一次一次依次跳越。

4.竞赛规则：优胜的次序就以帽子重新戴到头上的顺序先后而定。

有跑有跳

1.参赛人数：12~18人，将参加竞赛者分成两队，每队6~8人。

2.比赛道具：绳子、小旗等。

3.竞赛方法：两队分别在一条出发线后面排成一路纵队。各队排首各拿一条折叠的3米长的绳子。在每队前面40米处各插一面小旗，在

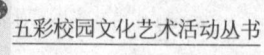

小旗和出发线之间画一道1.5米宽的"小河"。

下令后,两个排首向前跑去,跨过"小河"并绕过小旗,再跑回来,跑回时也要跨过"小河"。跑过出发线以后,就和本队第二人用绳子绷成一个框子,本队的人就一个个地依次跳过去。

等所有的人都跳过框子以后,第二人即拿着绳子向前跑去又跑回。排首等第二人跑离出发线后,就站到本队的排尾去……一直到排首重新拿到绳子时为止。

哪一队排首先把绳子举起,哪一队就是优胜队。

4.竞赛规则:未跳过框子的不计算成绩。

活动跳箱

1.参赛人数:16人,分成两队。

2.比赛道具:在场地上画一条起跑线,在线的正前方每隔4米画一条标记线,共画4条。

3.竞赛方法:竞赛者分成两队,各成单行纵队(由矮至高)站于起跑线后,面对标记。每队找出4个人,成纵队分别站于1.2.3.4条标记线上,并分别依次作出下列姿势:两腿开立同肩宽,半屈膝,两手扶地;两手分别握于踝关节(脚腕)上;两手分别扶于两腿胫骨的中部;两手分别按在膝关节上。

4.竞赛规则:

(1)必须双脚踏跳。

(2)未能跳过或者骑在被跳人的背上者,不得分。

(3)4个都跳过的得5分;跳过3个的得3分;跳过2个的得2分,跳过1个者得1分。

减少包围圈

1.参赛人数:人数不限。

2.比赛道具:平整场地一块。

3.竞赛方法：让竞赛者们紧密地围成一圈，包括你自己。让每个竞赛者把自己的胳膊搭在相邻同伴的肩膀上。

告诉大家我们将要面临一项非常艰巨的任务。这项任务是大家要一起向着圆心迈三大步，同时要保持大家已经围好的圆圈不被破坏。等大家都搞清楚了竞赛要求之后，让大家一起开始迈第一步。

迈完第一步后，给大家一些鼓励和表扬。然后开始迈第二步，第二步迈完之后，你可能就不必挖空心思去想那些表扬与鼓励的词语了，因为，目前的处境已经使大家忍俊不禁了。

迈第三步，其结果可能是圆圈断开，很多竞赛者摔倒在地。尽管很难成功地完成任务，但是这项活动会使大家开怀大笑，烦恼尽消。

4.竞赛规则：在迈第三步的时候尤其要注意，不要让有些竞赛者摔得过重。如果参加人数较多的话，比如多于40个人，可能分成小组来做竞赛会更好一些。可以把竞赛者们的眼睛都蒙起来做这个竞赛。

找队旗

1.参赛人数：24~32人，分成4队。

2.比赛道具：在场地上并排画直径3米相距约2米的四个圆圈，在距四个圆圈平行10米处画一条线。

3.竞赛方法：把竞赛者分成人数相等的四队，每队选一名旗手，手拿一面队旗（每队颜色不同），站在一个圆圈的中央，其余参加竞赛的竞赛者面对本队旗手站成一个圆圈、裁判发出一声哨音，除旗手外，其余竞赛者立即散开，跑到线外，背对圆圈按裁判示范的体操等做动作，同时旗手互相交换位置。

当裁判发出两声哨音时，竞赛者迅速跑向并面对本队旗手，站成一个圆圈，以先站好圆圈，动作快、静、齐者为胜。

4.竞赛规则：必须在听到哨音后进行活动；跑动时要注意安全，不要冲撞；既要迅速又要遵守秩序。

风中击准

1.参赛人数：20~40人。

2.比赛道具：接力棒3根，木柱4根，空场地一块。在空场地上画一条直线做起点线，在起点线前8米处并排间隔2米处立4根木柱；在线后15米处并排间隔2米画3个直径0.5米的圆圈。每个圆圈内放一根接力棒。

3.竞赛方法：将竞赛者分为四队，站于起跑线后的两侧外。预备时，各队排头各对准一根木柱站到起点线上。

组织者发令后，朝前跑出，绕过木棒返回，再跑到圆圈处抢到一根接力棒，来到起点线上掷击本队木柱。击倒者可为本队夺得2分，未击倒者可得1分。

4.竞赛规则：必须绕过木柱，如碰倒木柱必须由本人扶起，否则为犯规。

坚持到底

1.参赛人数：8～16人，分成两队。

2.比赛道具：在场地上画一条螺旋式跑道，里外各画一条起跳线。

3.竞赛方法：将竞赛者分成人数相等的两队，分别站在内外起跳线后。竞赛开始，两队的第一人沿着跑道双脚向前跳跃，当两人相逢时猜拳定胜负，胜者继续前进，败者退出跑道，败组的第二人立即起动向前跳跃，与胜者相逢后再猜拳，以此类推，以先到达对方起跳线的组为胜。

4.竞赛规则：必须用双脚跳的方法前跳，否则为犯规；败者应立即退出跑道，不得阻挡对方；猜拳结束，败方退出跑道后，胜方和败方下一人才能起动。

变向捉人

1.参赛人数：8～20人。

2.比赛道具：空场地一块。

3.竞赛方法：画出一个边长5米的正方形，四角各有一个半米的正方形。参加者4人一组，每人站在一个小正方形内。

用"手心手背"决定起跳人，起跳人可向任何一个小正方形跳去，而且可随时变换方向，其他三人紧随起跳人的变化，用双脚依次沿正方形向另一角小正方形跳去，被追上者为失败，追上者得1分，该局结束。然后另换起跳人重新开始下一局，几局后以总分决定名次。

4.竞赛规则：盯准先跳人的变化，转向灵活。

前后贴人

1.参赛人数：20~30人。

2.比赛道具：空地一块。

3.竞赛方法：竞赛者站成双层圆圈，左右间隔两臂。前后有竞赛者身体靠近，安排一个人为追者，另一个人站在圈外为被追者。被追者可利用圆圈上的双层人墙做障碍，与追者周旋，也可以沿圈外奔跑。

当被追的人即将被摸到时，可从外圈进入内圈，并以自己背部紧贴任何一对竞赛者的身前，临时组成三人重叠的一组。此时这三人重叠的外层的人应立即代替贴在前面的人称为被追者。

在被追者未被追上并已组成三层小组时，追者必须开始追最外层

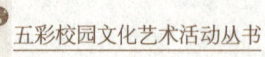

的另一个（即第三人），使圆圈上的队伍保持双人。

4.竞赛规则：被追人必须从圈外奔跑，不得穿过圆圈。贴人时必须以背部贴靠在别人身前。外层第三人逃开后，圆圈的二人共同后退半步保持圆形队伍。凡以手摸到被追者即为追上，此时追者与被追者互换，竞赛重新开始。被追的人不得跑离圆圈队伍3米以外。

圆圈赛

1.参赛人数：5~8人。

2.比赛道具：半块排球场，1个排球。

3.竞赛方法：参赛者围成一个圆圈，运用排球运动的各种传、垫、扣、吊等基本技术动作进行相互间的攻守练习，技术失误者蹲在圆圈中央，等第二人失误时替换出来。

4.竞赛规则：扣球时只准向前扣，不得直接扣向左右临近队员；可以运用假动作吊球、捅球；持球、连击属于接球失误。

冻人

1.参赛人数：10~20人。

2.比赛道具：1个篮球、一块篮球场地。

3.竞赛方法：把竞赛者分成人数相等的两个队，分散在篮球场内。竞赛开始，各队先出一个人在中圈跳球，得球的人即可掷击对方，被击中者必须原地不动，即为"被冻"。

双方都可在场内跑动捡球或掷击。"冻人"如果在原地获得球，便为"解冻"，可继续参加竞赛。在规定的时间内，被冻人数较少一队为胜。

4.竞赛规则：获球人只能原地掷击对方，不准运球、传球。只能掷击对方膝部以下，违者击中无效。球出界，由对方掷界外球。"争球"，由组织者主持跳球。

步步高

1. 参赛人数：8~10人。

2. 比赛道具：踏跳板2块，不同高度的跳箱6架。在场地上画一条直线作为起跳线，线前依次并排放置2块踏跳板，2架一节跳箱、2架二节跳箱、2架三节跳箱。

3. 竞赛方法：将竞赛者分成人数相等的两队，分别成一路纵队面向跳箱站立。组织者发令后，各队列队依次双脚跳在踏跳板上、跳箱上，最后向前跳在地上，然后左队从左侧、右队从右侧跑回起跳线，以全部跑回起跳线最快的队为胜。

4. 竞赛规则：发令后才能开始跳跃；竞赛者必须用双脚同时向前跳，必须依次跳在各个跳箱上，不准漏跳，否则重跳。

跳远大战

1. 参赛人数：8~24人。

2. 比赛道具：在空场地上画两条相距8~10米的平行线，一条为起跑线，一条为起跳线，起跳线前2米处间隔一定的距离，并排画4个长3米的落地区域，区域划分为"一"、"二"、"三"3格，每格为1米。

3. 竞赛方法：将竞赛者分成人数相等的四队，面对落地区，成纵队站在起跑线后。组织者发令后，各排头从起跑线快速助跑，至起跳线起跳，按落地位置计成绩，落在"一"处得1分，"二"处得2分，"三"处得3分，以此类推，各队跳完一轮后，以积分多的队为胜。

4. 竞赛规则：起跳时，脚踩起跳线不得分；落地时脚踩落地区域内的线以低分计。

纵跳摸高赛

1. 参赛人数：15~20人。

2. 比赛道具：靠墙的平地，在墙上标出高度，根据高度标出得分号码，高度越高得分越多。

3.竞赛方法：将竞赛者分成人数相等的几队，每队依次纵跳摸高(原地双脚起跳)，跳至最高点，手指触摸墙上的标号，摸到几号就得几分，最后，全队队员得分累加，以得分多的队为胜。

4.竞赛规则：必须原地双脚起跳，不得单脚起跳，不得助跑起跳；以手指尖触摸最高点的标号为本人得分。

接抛球赛

1.参赛人数：8~10人。

2.比赛道具：一个大跳远沙坑，布置好起跳板，在沙坑另一端2米外画一条抛球线，指定两抛球队员，各持排球1个。

3.竞赛方法：将竞赛者分成人数相等的两队，事先各自选好起跳点，并做好标志，然后各成一路纵队排在助跑道两边。竞赛开始，各队第一人自起跑标志加速助跑踏跳成腾空步，在空中接住迎面抛来的球，落地后再将球传给抛球者，其他队员照此依次进行。如能在空中接住球者得1分，最后全队累计总分多的队为胜。

4.竞赛规则：落地时和落地后接住球者及未接住球者均不给分。

跳远接力赛

1.参赛人数：9~20人。

2.比赛道具：空场地一块。

3.竞赛方法：3~4人为一队，两队进行比赛。两队第一人站在起跳线后，其他人站在两侧，第一人从起跳线跳出落地后，第二人在第一人的落地点处接着向前跳，然后第三人在第二人的落地点处接着向前跳，以此类推。每人每次可跳1~3次，或按顺序间隔跳3次，以跳得远的队为胜。

4.竞赛规则：接力时，跳者必须站在前者的准确落地点上，每一次跳都要用全力。

快慢由心

1. 参赛人数：10人以上。

2. 比赛道具：小自行车5辆，装有水的矿泉水瓶20个。

3. 竞赛方法：4个直跑道（长65米），在距起点15米处设置一个终点线，在距起点100米再设置一终点线，在距起点25米处开始摆放瓶子，间隔为十米，一个跑道共摆放4个瓶子。每个跑道在15米处有2个计时裁判。

4. 竞赛规则：2人一组，A在起点处，B在终点处。起点处的人比赛开始在前15米自行车慢骑，到达20米终点，第一个计时裁判计时完毕。

第二个计时裁判开始计时，参赛者此时是快骑，且在骑车过程中要将摆放在地上的水瓶捡起，到达终点时把车子交给队友，这时B要快骑到15米终点处时，第二个计时裁判计时结束。

在骑车过程中,若有人的脚碰地或者骑出赛道,均算作犯规,每一次犯规在其总成绩上减15秒钟。自行车前轮压到终点线即为到达。

蒙眼背人障碍

1.参赛人数:8人以上。

2.比赛道具:计时器、长绳一根、跨栏用栏、长桌、盒子5个、写有题目的纸条、气球30个、马克笔,椅子2把。

3.竞赛方法:体育中心跑道,取100米。离起点10米位置设置一根高30cm的绳子,离绳子5米的地方设置跨栏用栏,女生站在栏后10米处,离终点20米的地方,摆放一个长桌,在桌上放着五个盒子,盒子已被封好,在终点处摆放好标有数字的5个气球。

一男一女为一组。可以要求女生帮男生戴好眼罩,将男女生分别带到指定位置,由裁判宣布开始后,开始计时。男生在女生的指导下开始向前走,跨过绳子。

女生指导男生钻过跨栏。男生走到女生处,背起女生,原地转5圈。继续向前走,走到桌子前,男生在女生的指引下取出盒子里面的纸条,交给女生,并由女生计算得出结果。

男生在女生的指导下,绕过桌子,找到和答案相对应数字的气球,并踩爆,踩爆气球时游戏结束。

4.竞赛规则:五个小组同时进行游戏。在整个过程中,男生不能将女生放下,否则加时间5秒。跨过绳子时,不能碰到绳子,否则加时间5秒。

最后一名1分,倒数第二名2分,依次累加。

跳长绳比赛

1.参赛人数:16~20人。

2.比赛道具:5米长的跳绳4根。

3.竞赛方法:将竞赛者分成人数相等的4个组,每组由两个人摇绳，其余的人成一路纵队站在摇绳人的侧面。当组织者喊"预备"的口令时，各组开始摇绳。组织者发出"开始"的口令后，各组第一人由一端斜向跑入。跳一次后跑出，在另一端摇绳人侧面站好，第二人入绳内跳。依此类推，全组跳过之后再从另一端开始跳，最后以先跳完且失败次数少的队为胜。

4.竞赛规则：

（1）各队必须按规定的次数和路线跳跑。

（2）身体任何部位使绳子摇动停止，即为失败1次。

（3）后一人必须在前一人出绳后立即跑进绳内，否则为失败。

写字赛

1.参赛人数：10～30人。

2.比赛道具：黑板一块，粉笔几支。

3.竞赛方法：把竞赛者分成人数相等的若干组，每组成一路纵队，立于起跳线后。在起跳线前10米处放一块黑板。组织者发令后，各组第一人用双足跳跳到黑板前，用粉笔写"正"字的第一笔画，然后跑回拍第二人的手。第二人立即用双足跳前进，在黑板上写"正"字的第二笔，然后跑回拍第三人的手。以此方法，直到把"正"字写出。先写完"正"字的组为胜。

4.竞赛规则：必须用双足跳的方法跳到黑板前，否则回到起跳线重新跳。准备跳跃的竞赛者必须拍手后，才能跳跃前进。

火车竞赛

1.参赛人数：8～10人。

2.比赛道具：篮球场地一块。

3.竞赛方法：将竞赛者分成人数相等的两队，各成纵队站在起点线后，每个队员都把自己的右(左)脚伸给前面的人。左(右)手用手掌兜住后面队员伸来的脚，右(左)手搭在前人的肩上。排头不伸脚，排尾不

兜脚,组成一列"火车"。听到发口令后,全队按照一个节拍向前跳动,排头可以走步。以"车尾"先通过前场端线的一组为胜。

4.竞赛规则:如遇到"翻车"或"脱节",必须在原地接好后方能前进。"列车"完整通过终点才能计成绩。

飞球

1.参赛人数:8~12人。

2.比赛道具:准备排球1个。

3.竞赛方法:竞赛者站成一个圆圈,当中站一个"带头"人。

"带头"人把排球向上抛给站在圆周上的任何人。这人用双手把球拍还给带头人,带头人再把球拍给圆周上的另一人……一直传到球落地时为止。

谁使球落地,谁做带头人。谁球传得不正确(传球的方式是从下向上抛,而不可以从上向下压,或者连拍两次球),谁就要和带头人换位置。如果有人让传得正确的球从自己右侧飞出圈外,他就要做带头人；如果有人能把飞到圆圈外面去的球，在它着地前又拍回圆圈里，那么带头人不变。

4.竞赛规则：裁判员给双方计算球的落地次数。哪一队球落地次数少，哪一队获胜；也可以计算各队的传球次数。哪一队在规定时间内传球的次数多，哪一队就是优胜队。

四面围攻

1.参赛人数：8～12人。

2.比赛道具：足球若干个，小木柱1根。

3.竞赛方法：竞赛人围成一个直径10米的圆圈，每个人之间相隔两步。如果玩的人很多，也可以分成若干个圆圈站立。圆圈当中立一根小木柱或棍棒，选一人保卫棍棒，站在棍棒旁边。

"保卫"用双脚和身体阻挡射来的足球。站在圆周上的人则互相把球踢来踢去，尽量使球去碰击棍棒。

4.竞赛规则：踢球着棍棒的人得一分。累积分数最多的人就是优胜者。

足球新玩

1.参赛人数：10~20人，分成两队。

2.比赛道具：平坦场地一块，两根柱子，柱间绷一条绳做球门。

3.竞赛方法：参赛者分成两队。甲队站在出发线后面，乙队分散在出发线和终点线之间。准备足球1个。甲队的一个队员把球踢到场内后，就立刻向终点线跑去又跑回。乙队队员见球踢入场中后，急忙把球踢进球门，直接踢入或传球后踢入都可以。如果球在那个跑的人回到出发线以前就进了球门两次(一次由正面入，一次从反面入)，乙队就得一分。相反，则甲队得一分。等甲队队员一个个都跑过以后，就和乙队互换角色，重做一遍。

4.竞赛规则：以得分最多的一队为胜。

端线篮球

1.参赛人数：10~20人，分成两队。

2.比赛道具：准备手球1个。

3.竞赛方法：利用篮球场作赛场，在两条端线处各设一个禁区。竞赛者每队各派一人站立在对方禁区内作为接球员，其余的队员均分散在各自的半场内。

发令后，两队在中圈跳起夺球，以先夺到球的一方为进攻队。进攻队通过传、接和运球，争取把球传给对方禁区内的本队接球员。防守队则要组织好防守，并争取转守为攻。禁区内的接球员接到一个球，就算该队得1分。在规定时间内以得分多的队为胜。

4.竞赛规则：

(1)手持球不能走两步以上或两次运球。

(2)球出界，由对方在出界地点发界外球。

(3)球不能直接传给接球员，不能推、拉、打和用脚绊对方。否则按情节轻重判罚界外球。

(4)如接球员出界接球或接球后出界,得分均无效,同时由对方发界外球。

(5)一队得分后,由另一队在端线外发界外球继续比赛(发界外球时

接球员不得拦截、干扰)。

(6)双方同时持球争执不下或同时击球出界,应在中圈重新跳起夺球。

找队长

1.参赛人数:20~40人。

2.比赛道具:平坦场地。

3.竞赛方法:参赛者站成许多小圆圈,每个圆圈由4~5人组成,各组队长站在圈内,其余的人站在队长周围。一人作带头人。队长站在原位不动,其余的人跟着带头人鱼贯而行。他们一边走一边模仿带头人的动作。这时,这些队长互相改变了位置。带头人突然发了一个信号或喊了一声口令:"各就各位!"大家立刻跑去找自己的队长,在队长周围手牵手,形成一个圆圈。

4.竞赛规则:淘汰归队最迟的队。

隐蔽换位

1.参赛人数:10~20人。

2.比赛道具:可选篮球场或排球场作赛场,在赛场上画两条间隔3米左心的平行线,线的长度可根据竞赛者的人数多少来决定。

3.竞赛方法:将竞赛者分成人数相等的两组,分别在两条平等线上面对自站立。推选一人做守卫人,站在两列横队的中间。

竞赛开始,一队的竞赛者选择时机与对面的竞赛者互换位置,要不被守卫人发现。而守卫人要设法监视所有企图想换位的竞赛者,一有发现立刻叫出竞赛者的名字。被叫者与守卫人互换位置和职责,竞赛重新开始。

4.竞赛规则:

(1)若有一方换过去,被守卫人叫出名字的算被发现。

(2)守卫人发现换位,必须在其换位动作完成之前叫名字。

(3)双方队员的双脚必须站在平行线后,不得超越。

图书在版编目（CIP）数据

校园游戏类活动指导手册 / 李明华编著. -- 长春：吉林出版集团有限责任公司，2013.11（2020.11重印）
ISBN 978-7-5534-3301-1

Ⅰ. ①校… Ⅱ. ①李… Ⅲ. ①游戏－青年读物 ②游戏－少年读物 Ⅳ. ①G898-49

中国版本图书馆CIP数据核字（2013）第226682号

校园游戏类活动指导手册

李明华 编著

出 版 人：	齐 郁
责任编辑：	孙 婷　田 璐
封面设计：	大华文苑（北京）图书有限公司
版式设计：	大华文苑（北京）图书有限公司
法律顾问：	刘 畅
出　　版：	吉林出版集团股份有限公司
发　　行：	吉林出版集团青少年书刊发行有限公司
地　　址：	长春市福祉大路5788号
邮政编码：	130118
电　　话：	0431-81629800
传　　真：	0431-81629812
印　　刷：	北京兴星伟业印刷有限公司
版　　次：	2013年11月 第1版
印　　次：	2020年11月 第3次印刷
字　　数：	158千字
开　　本：	710mm×1000mm　1/16
印　　张：	12
书　　号：	ISBN 978-7-5534-3301-1
定　　价：	35.00元

版权所有　翻印必究